電気鉄道周辺における変動磁場の計測・評価方法規準・同解説

Standard for Measurement and Evaluation of
Fluctuating Magnetic Field around Electric Railroad

2017

日本建築学会

本書のご利用にあたって
本書は，作成時点での最新の学術的知見をもとに，技術者の判断に資する技術の考え方や可能性を示したものであり，法令等の補完や根拠を示すものではありません．また，本書の数値は推奨値であり，それを満足しないことがただちに建築物の安全性，健康性，快適性，省エネルギー性，省資源・リサイクル性，環境適合性，福祉性を脅かすものでもありません．ご利用に際しては，本書が最新版であることをご確認ください．本会は，本書に起因する損害に対しては一切の責任を有しません．

ご案内
本書の著作権・出版権は(一社)日本建築学会にあります．本書より著書・論文等への引用・転載にあたっては必ず本会の許諾を得てください．
Ⓡ〈学術著作権協会委託出版物〉
本書の無断複写は，著作権法上での例外を除き禁じられています．本書を複写される場合は，学術著作権協会（03-3475-5618）の許諾を受けてください．

一般社団法人　日本建築学会

序

　日本建築学会では，2011年10月25日に「AIJES-E0001-2011 環境磁場の計測方法に関する運用規準・同解説」を発行した．これは，建物内外の電気・電子機器を環境磁場に起因する障害・誤動作から防護するため，建物・構造物・設備で講じる対策の必要性・方法・効果の検証・評価などに必要な環境磁場の計測方法を統一し，日本建築学会として建築界における環境磁場計測方法の指針を提供することを目的として作成されたものである．環境磁場の計測一般に共通して適用できる規格と位置付けて，様々な目的で行われる環境磁場計測の共通事項を指針として取りまとめている．一方，環境磁場の発生源の種類（磁場発生源）や防護対象となる機器（防護対象機器）の組合せによって異なる特定の目的を対象とした個別規格については，代表的なものについてその重要性を考慮しながら別の機会に検討することとしている．

　本規準は，個別規格の第1号として作成したものである．磁場発生源は電車，防護対象機器は電子顕微鏡（電子ビーム描画装置を含む電子線を利用する装置全般）およびNMR/MRIで，電気鉄道周辺の建物内にこれらの機器を設置する際，環境磁場に対して適切な影響評価ができる指針を提示することを目的とする．学会規準を作成する必要性，緊急度を勘案したうえで，本テーマを選出した．

　現在，工場や研究所などの生産・研究施設，病院などの医療施設を電気鉄道周辺に建設するに際し，建設前または建設後に現地で磁場計測を行うことが多い．その目的は，電子顕微鏡，NMR/MRIなどの設置環境の評価である．ここで，問題点が二つ挙げられる．第一は，電車に起因する環境磁場は，時々刻々と変化する変動磁場であるため，計測方法によって計測データが異なる点である．第二は，計測データの評価方法が統一されていない点である．その結果，計測機関（建設会社，シールド業者，装置メーカなど）によって，計測・評価結果が異なる事態が生じている．そこで，異なる計測者によっても比較可能な再現性のある計測値が得られる計測方法，および得られた計測値をもとに防護対象機器に対して適切な影響評価ができる評価方法について規定したのが本規準である．

　電車を対象とした磁場計測に関する国内規格として，「JIS E 4018：2012 鉄道車両－磁界測定方法」がある．これは，鉄道車両の車体内外部における低周波領域（直流から20kHzまで）の磁界測定方法について規定したものであるが，本規準とは計測の対象や目的が異なる．そのため，計測機器，計測方法，さらには評価方法まで自ずと異なってくる．

　本規準は，日本建築学会として建築界における電気鉄道周辺の変動磁場計測・評価方法の指針を提供するものである．建設現場で広く活用され，電気鉄道周辺において建物内外部の環境磁場が正しく計測・評価されることを期待するものである．

2017年2月

日本建築学会

Introduction

AIJES-E0001-2011, Standard for Method of Measuring Environmental Magnetic Field, was published by Architectural Institute of Japan on October 25, 2011. This was made to standardize the measurement of magnetic field in an architectural field. Such a standardization of measurement is necessary to protect electric and electronic equipments from malfunctions that are caused by surrounding magnetic field. This is placed as the common standard that can apply to measurement of various magnetic fields.

In contrast, the standard that has been published this time is the first specific one. An electric train is picked up as the source generating magnetic field, and protected main equipments are electron microscope, Nuclear Magnetic Resonance (NMR) and Magnetic Resonanse Imaging (MRI). The magnetic fields around electric railroad due to electric trains are changing every hour, and obserbed as so-called fluctuating magnetic field. This standard prescribes the measurement method that reproducible measured values can be provided by a person of different measurement, and the evaluation method that appropriate influence evaluation can be made for the protected equipments based on measured values of fluctuating magnetic field around electric railroad.

This standard consists of the following 6 chapters.

In "Chapter 1 : General Rules", the purpose of this standard, the positioning, target fluctuating magnetic fields and equipments are described.

In "Chapter 2 : Electric Railroad and Fluctuating Magnetic Field", the cause of generation and characteristics about fluctuating magnetic fields around electric railroad that is the target of measurement and evaluation in this standard are described.

In "Chapter 3 : Protective Target Equipments", the magnetic field interference and the permission level of magnetic field about electron microscope, NMR and MRI are described.

In "Chapter 4 : Measuring Instruments", the necessary function and performance about measuring instruments of magnetic field, data recording devices and other instruments are prescribed. And the recommendation matters about calibration method of instruments are described.

In "Chapter 5 : Measurement Method", the plan of measurement of fluctuating magnetic fields around electric railroad, the preparation for measurement, the procedure of measurement and the recording method of data are prescribed.

In "Chapter 6 : Evaluation Method", the processing method of measurement data and the evaluation method of measurement result are prescribed.

We hope this standard is utilized widely in building sites and the environmental magnetic fields inside and outside buildings are appropriately measured and evaluated around electric railroad.

日本建築学会環境基準（AIJES）について

　本委員会では，これまでに，日本建築学会環境基準（AIJES）として13点を発刊するに至っている．また，各分野において，規準等を整備すべく，検討・作成作業が進められてきた．

　AIJES はアカデミック・スタンダードと称し，学会が学術的見地から見た推奨基準を示すことを目的に，「基準」，「規準」，「仕様書」，「指針」のような形で公表されてきた．これらの英文表記は，「Academic Standards for～」としていたが，この「Academic Standards」には教育水準といった意味もあり，AIJES の目的とは異なる意味に解される場合もあり誤解を生ずる恐れがあるとの指摘も寄せられた．

　そこで，2010年度以降に発刊される AIJES については，英文表記を「Standards for～」等に変更することを決定した．また，既刊の AIJES については，改定版刊行時に英文表記を変更することとした．

2010年9月

日本建築学会　環境工学委員会

日本建築学会環境基準（AIJES）の発刊に際して

　本会では，各種の規準・標準仕様書の類がこれまで構造・材料施工分野においては数多く公表されてきた．環境工学分野での整備状況は十分ではないが，われわれが日常的に五感で体験する環境性能に関しては法的な最低基準ではない推奨基準が必要であるといえる．ユーザーが建物の環境性能レベルを把握したり，実務家がユーザーの要求する環境性能を実現したりする場合に利用されることを念頭において，新しい学術的成果や技術的展開を本会がアカデミック・スタンダードとして示すことは極めて重要である．おりしも，本会では，1998年12月に学術委員会が「学会の規準・仕様書のあり方について」をまとめ，それを受けて2001年5月に「学会規準・仕様書のあり方検討委員会報告書（答申）」が公表された．これによれば，「日本建築学会は，現在直面している諸問題の解決に積極的に取り組み，建築界の健全な発展にさらに大きく貢献することを目的として，規準・標準仕様書類の作成と刊行を今後も継続して行う」として，本会における規準・標準仕様書等は，次の四つの役割，すなわち，実務を先導する役割，法的規制を支える役割，学術団体としての役割，中立団体としての役割，を持つべきことをうたっている．

　そこで，本委員会では，1999年1月に開催された環境工学シンポジウム「これからの性能規定とアカデミック・スタンダード」を皮切りとして，委員会内に独自のアカデミック・スタンダードワーキンググループを設置するとともに，各小委員会において環境工学各分野の性能項目，性能基準，検証方法等の検討を行い，アカデミック・スタンダード作成についての作業を重ねてきた．

　このたび，委員各位の精力的かつ献身的な努力が実を結び，逐次発表を見るに至ったことは，本委員会としてたいへん喜ばしいことである．このアカデミック・スタンダードがひとつのステップとなって，今後ますます建築環境の改善，地球環境の保全が進むことへの期待は決して少なくないと確信している．

　本書の刊行にあたり，ご支援ご協力いただいた会員はじめ各方面の関係者の皆様に心から感謝するとともに，このアカデミック・スタンダードの普及に一層のご協力をいただくようお願い申し上げる．

2004年3月

　　　　　　　　　　　　　　　　　　　　　　　　　　　　日本建築学会　環境工学委員会

日本建築学会環境基準制定の趣旨と基本方針

(1) 本会は,「日本建築学会環境基準」を制定し社会に対して刊行する．本基準は,日本建築学会環境工学委員会が定める「建築と都市の環境基準」であり,日本建築学会環境基準（以下,AIJESという）と称し,対象となる環境分野ごとに記号と発刊順の番号を付す.

(2) AIJES制定の目的は,本会の行動規範および倫理綱領に基づき,建築と都市の環境に関する学術的な判断基準を示すとともに,関連する法的基準の先導的な役割を担うことにある．それによって,研究者,発注者,設計者,監理者,施工者,行政担当者が,AIJESの内容に関して知識を共有することが期待できる.

(3) AIJESの適用範囲は,建築と都市のあらゆる環境であり,都市環境,建築近傍環境,建物環境,室内環境,部位環境,人体環境などすべてのレベルを対象とする.

(4) AIJESは,「基準」,「規準」,「仕様書」,「指針」のような形で規定されるものとする.以上の用語の定義は基本的に本会の規定に従うが,AIJESでは,「基準」はその総体を指すときに用いるものとする.

(5) AIJESは,中立性,公平性を保ちながら,本会としての客観性と先見性,論理性と倫理性,地域性と国際性,柔軟性と整合性を備えた学術的判断基準を示すものとする.
　それによって,その内容は,会員間に広く合意を持って受け入れられるものとする.

(6) AIJESは,安全性,健康性,快適性,省エネルギー性,省資源・リサイクル性,環境適合性,福祉性などの性能項目を含むものとする.

(7) AIJESの内容は,建築行為の企画時,設計時,建設時,完成時,運用時の各段階で適用されるものであり,性能値,計算法,施工法,検査法,試験法,測定法,評価法などに関する規準を含むものとする.

(8) AIJESは,環境水準として,最低水準（許容値）,推奨水準（推奨値）,目標水準（目標値）などを考慮するものとする.

(9) AIJESは,その内容に学術技術の進展・社会状況の変化などが反映することを考慮して,必要に応じて改定するものとする.

(10) AIJESは,実際の都市,建築物に適用することを前提にしている以上,原則として,各種法令や公的な諸規定に適合するものとする.

(11) AIJESは,異なる環境分野間で整合の取れた体系を保つことを原則とする.

規準作成関係委員（2016年度）
― （五十音順・敬称略） ―

環境工学本委員会
　委員長　羽　山　広　文
　幹　事　岩　田　利　枝　　菊　田　弘　輝　　甲　谷　寿　史
　委　員　（省略）

企画刊行運営委員会
　主　査　村　上　公　哉
　幹　事　田　中　貴　宏　　中　野　淳　太
　委　員　（省略）

建築学会環境基準作成小委員会
　主　査　村　上　公　哉
　幹　事　田　中　貴　宏　　中　野　淳　太
　委　員　（省略）

変動磁場の計測評価法規準作成小委員会
　主　査　新　納　敏　文
　幹　事　宇治川　　　智　　三　浦　一　幸
　委　員　石　塚　一　男　　江　口　晃　司　　榊　原　　　満
　オブザーバー
　　　　　小　穴　孝　夫　　竹　内　信次郎

電磁環境運営委員会
　主　査　川　瀬　隆　治
　幹　事　遠　藤　哲　夫　　笠　井　泰　彰　　廣　里　成　隆
　委　員　（省略）

執筆委員

1章 総　　則	新納　敏文			
2章 電気鉄道と変動磁場	新納　敏文	川瀬　隆治	田野井　淳一	
3章 防護対象機器	江口　晃司	下川　眞男	新納　敏文	
4章 計測機器	榊原　　満	下川　眞男	新納　敏文	
5章 計測方法	石塚　一男	榊原　　満	新納　敏文	
	田野井　淳一			
6章 評価方法	三浦　一幸	宇治川　智	新納　敏文	

電気鉄道周辺における変動磁場の計測・評価方法規準・同解説

目　次

1章　総　　則 ··· 1
  1.1　目　　的 ·· 1
  1.2　位 置 付 け ·· 1
  1.3　対象とする変動磁場 ·· 1
  1.4　防護対象機器 ·· 2
  1.5　構　　成 ·· 2

2章　電気鉄道と変動磁場 ··· 3
  2.1　電車とその周辺の磁場 ··· 3
  2.2　線路磁場の発生 ·· 5
  2.3　線路磁場の特性 ·· 7
  2.4　電気鉄道周辺での変動磁場計測 ··· 12

3章　防護対象機器 ·· 16
  3.1　電子顕微鏡 ·· 16
    3.1.1　電子顕微鏡の原理と概要 ··· 16
    3.1.2　変動磁場による影響 ··· 17
    3.1.3　変動磁場の許容値 ·· 18
  3.2　NMR/MRI ··· 20
    3.2.1　NMRの原理と概要 ·· 20
    3.2.2　変動磁場による影響（NMR） ·· 23
    3.2.3　MRIの原理と概要 ··· 24
    3.2.4　変動磁場による影響（MRI） ··· 24
    3.2.5　変動磁場の許容値 ·· 25

4章　計測機器 ·· 26
  4.1　磁場計測器 ·· 26
    4.1.1　磁気検出方式 ·· 26
    4.1.2　磁場の検出軸 ·· 26
    4.1.3　分解能および計測レンジ ··· 27
    4.1.4　周波数帯域 ··· 28
    4.1.5　アナログ電圧信号の出力 ··· 28
  4.2　データ記録装置 ·· 29
    4.2.1　A/Dコンバータの分解能 ·· 29
    4.2.2　磁場計測器とデータ記録装置の組合せ ·· 29

	4.2.3　その他の仕様	30
4.3	その他の機器	31
	4.3.1　センサスタンド	31
	4.3.2　供 給 電 源	31
4.4	機器の校正	32
	4.4.1　公的機関の校正	32
	4.4.2　校 正 期 間	33
	4.4.3　社 内 校 正	33
参考1	磁場計測システムの例	34
参考2	社内校正における標準磁場発生装置の例	36

5章　計測方法 ……………………………………………………………………… 38

- 5.1 計測の計画 …………………………………………………………………… 38
  - 5.1.1 計測計画に必要な情報の収集・整理 …………………………………… 38
  - 5.1.2 計測範囲などの決定 ……………………………………………………… 40
  - 5.1.3 計測時間の決定 …………………………………………………………… 42
  - 5.1.4 計測計画書の作成 ………………………………………………………… 44
- 5.2 計測の準備 …………………………………………………………………… 45
  - 5.2.1 計測機器の事前確認 ……………………………………………………… 45
  - 5.2.2 計測場所の確認 …………………………………………………………… 45
  - 5.2.3 計測機器の準備 …………………………………………………………… 45
  - 5.2.4 計測位置のマーキング …………………………………………………… 46
- 5.3 計測の手順 …………………………………………………………………… 47
  - 5.3.1 直流磁場変動の計測 ……………………………………………………… 47
  - 5.3.2 交流磁場変動の実効値計測 ……………………………………………… 48
  - 5.3.3 交流磁場変動の瞬時値計測 ……………………………………………… 48
- 5.4 データの記録 ………………………………………………………………… 49
  - 5.4.1 サンプリング周波数 ……………………………………………………… 49
  - 5.4.2 ノイズ除去処理 …………………………………………………………… 49
  - 5.4.3 その他の記録すべき情報 ………………………………………………… 50

6章　評価方法 ……………………………………………………………………… 51

- 6.1 データ処理 …………………………………………………………………… 51
  - 6.1.1 ノイズ除去処理 …………………………………………………………… 51
  - 6.1.2 データの抽出処理 ………………………………………………………… 55
  - 6.1.3 合 成 処 理 ……………………………………………………………… 58
  - 6.1.4 定点補正処理 ……………………………………………………………… 61
- 6.2 結果の評価 …………………………………………………………………… 64

1章 総　則
1.1 目　的

> 本規準は，電気鉄道（電気を動力として用いる鉄道）周辺の変動磁場（時間的に変動する磁場）を対象とし，建物内外部における計測方法，および磁場の防護対象となる機器（以下，「防護対象機器」と称す）への影響に対する評価方法について規定するものである．

　電気鉄道周辺の磁場は，時々刻々と変化しており，いわゆる変動磁場として観測される．本規準は，電気鉄道周辺の変動磁場を対象とし，建物内外部において，異なる計測者によっても比較可能な再現性のある計測値が得られる計測方法，および得られた計測値をもとに防護対象機器に対して適切な影響評価ができる評価方法について規定するものである．

　人体の防護を目的とした計測方法，および鉄道車両を対象とした計測方法については，それぞれ関連する規格[1],[2]を参照されたい．

1.2 位置付け

> 本規準は，「AIJES-E0001-2011 環境磁場の計測方法に関する運用規準・同解説[3]」の個別規格に位置付けられ，同規準を基本事項として参照する．

　2011年10月25日に発行されたAIJES-E0001-2011[3]は，環境磁場の計測一般に共通して適用できる規格と位置付けて，様々な目的で行われる環境磁場計測の共通事項を指針として取りまとめたものである．同規準では，発生源の種類や防護対象機器の組合せによって異なる特定の目的を対象とした個別規格については，代表的なものについてその重要性を考慮しながら別の機会に検討することとしている．

　本規準は，電気鉄道周辺における変動磁場の計測・評価方法について，AIJES-E0001-2011[3]の個別規格として取りまとめたものである．引用規格，用語の定義（磁場の強さ，磁束密度，静磁場，変動磁場），一般的考察（計測量，環境磁場の計測），および計測報告書については，AIJES-E0001-2011[3]を参照する．

1.3 対象とする変動磁場

> 本規準で計測・評価の対象とする変動磁場は，電気鉄道周辺における直流磁場の緩やかな変動（数Hz程度以下），および交流磁場（50Hz/60Hz）の大きさの変動とする．

　電気鉄道周辺では，電車線路（鉄道車両が走行するレールなどの軌道，および電力を供給するための架線などの設備を指す）を流れる電流の変動に起因した変動磁場が観測される．これは，大きく二つに分類され，直流磁場の緩やかな変動（数Hz程度以下）と，交流磁場（50Hz/60Hz）の大きさの変動がある．本規準では，このような磁場の変動を，それぞれ「直流磁場変動」，「交流磁場変動」と称す．

1.4 防護対象機器

> 本規準では，電子顕微鏡（電子ビーム描画装置を含む電子線を利用する装置全般）およびNMR（Nuclear Magnetic Resonance）装置（以下，「NMR」と称す），MRI（Magnetic Resonance Imaging）装置（以下，「MRI」と称す）を主な防護対象機器とする．

電子顕微鏡およびNMR/MRIは，微弱な変動磁場でも装置に障害が生じる．そのため，設置環境として変動磁場の許容値が提示され，所要の磁気環境が求められる．

1.5 構成

> 本規準は，電気鉄道周辺の変動磁場および防護対象機器について説明したうえで，変動磁場を計測するための計測機器，計測方法，および評価方法を規定する．

本規準は，以下の6章で構成される．

1章の「総則」では，本規準の目的，位置付け，対象とする変動磁場・機器を記す．

2章の「電気鉄道と変動磁場」では，本規準で計測・評価の対象となる電気鉄道周辺の変動磁場について，その発生原因や特性などを記す．

3章の「防護対象機器」では，本規準で主な対象とする電子顕微鏡（電子ビーム描画装置を含む電子線を利用する装置全般）およびNMR/MRIについて，磁場による影響，磁場の許容値などを記す．

4章の「計測機器」では，電気鉄道周辺における変動磁場の計測に用いられる機器として，磁場計測器・データ記録装置・その他の機器について，必要な機能・性能を規定するとともに，機器の校正について推奨事項を記す．

5章の「計測方法」では，電気鉄道周辺における変動磁場の計測の計画，計測の準備，計測の手順，データの記録方法を規定する．

6章の「評価方法」では，計測データの処理方法，計測結果の評価方法を規定する．

参考文献

1) 日本規格協会：JIS C 1910:2004（IEC 61786:1998）人体ばく露を考慮した低周波磁界及び電界の測定－測定器の特別要求事項及び測定の手引き，2004
2) 日本規格協会：JIS E 4018:2012 鉄道車両－磁界測定方法，2012
3) 日本建築学会：AIJES-E0001-2011 環境磁場の計測方法に関する運用規準・同解説，2011

2章　電気鉄道と変動磁場

> 電気鉄道周辺の変動磁場を正しく計測・評価するためには，対象となる磁場について，その発生原因や特性などを正しく理解しておく必要がある．

2.1　電車とその周辺の磁場

> 本規準は，電気鉄道周辺の磁場を対象とする．当該磁場は，電車の走行に伴い発生する．電車は，電力によって電動機（モータ）が駆動し，レール上などを走行する．電力の種類により，直流式と交流式に分類され，それぞれ電車線路の周辺には，直流磁場，交流磁場が発生している．

　鉄道車両は，電気によってモータで動く電車，および内燃機関（ディーゼルエンジン）によって動く気動車（ディーゼルカー）に大きく分類される．このうち現在では，電車が大半を占めており，本規準も電車を対象とする．電車が走行する鉄道が電気鉄道である．

　電車は，電力（電圧×電流）によってモータが駆動するが，電力の種類により，直流式と交流式に分類される〔解説図 2.1〕．さらに交流式は，従来方式である BT（Booster Transformer）方式と，その改良方式で新幹線を始めとする近年の交流式電車のほとんど全てで採用となっている AT（Auto Transformer）方式とに分類される．直流式と交流式の電車線路の周辺には，それぞれ直流磁場，交流磁場が発生している．

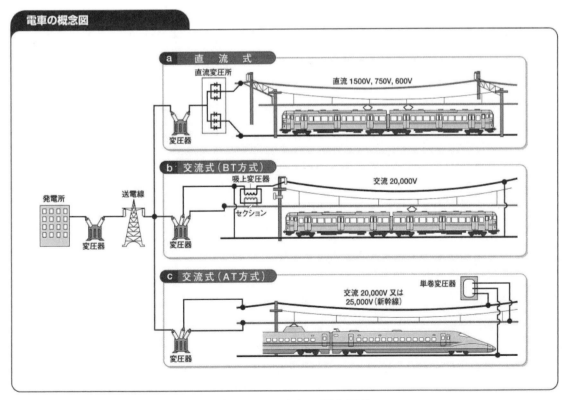

解説図 2.1　電車の概念図[1]

以下に，直流式および交流式の電車の特徴と発生する磁場の特徴を記す．

a）直流式

首都圏の JR をはじめ，多くの私鉄・地下鉄で採用されている方式．使用電圧が 1500V（架空電車線方式）または 750V・600V（第三軌条方式）と低いことから構造物との離隔距離を小さくすることが可能となるが，電圧降下を抑えるため電気鉄道用変電所（以下，「変電所」と称す）の間隔を小さくして（5km〜10km），多数配置する必要がある．電圧は低いが，流れる電流は大きいため，発生する磁場（直流磁場）は大きくなりやすい．

b）交流式

新幹線（東日本 50Hz，西日本 60Hz，例外的に東海道新幹線は 60Hz），JR 在来線の北海道・東北・関東の一部（50Hz），北陸・九州（60Hz）などで採用されている方式．変電所の設備が簡素化でき，間隔を大きくできる（50km〜100km）などのメリットがあるが，車両に変圧器や整流器といった変圧装置を搭載する必要があり，車両の構造が複雑で重くなる．電圧は 25kV（新幹線）または 20kV（在来線）と高いが，電流は直流式と比べて小さいため，発生する磁場（50Hz または 60Hz の交流磁場）は直流式より小さい．

電車では，集電装置により外部から電力を取り込む．集電方式は，架空電車線方式と第三軌条方式に分類される．架空電車線方式とは，鉄道車両が通る空間の上部に架線を張り，そこからパンタグラフなどの集電装置によって集電する方式で，地下鉄などで採用されている剛体電車線もこれに含まれる．一方，第三軌条方式とは，走行用のレールと並行して第三の給電用レール（第三軌条）を敷設し，それを鉄道車両に取り付けた集電靴（コレクターシュー）が擦って集電する方式である．いずれの方式も，電気を送る架線または第三軌条，およびレール（帰線）を流れる電流に起因して，その周辺には磁場が発生している．

電気鉄道から発生する磁場には，その他に鉄道車両から放射される電磁場がある．このうち，低周波の磁場には，主として車載機器を流れる電流による磁場，および駆動制御装置（VVVF インバータ）から放射される磁場がある[2]．周波数は，前者では 50Hz または 60Hz の電源周波数が基本となり，後者では電車の運転モード，速度によって周波数が変化し，直流式電車では DC〜数 10Hz，交流式電車では DC〜100Hz 程度となる（いずれも高調波を含めると数 kHz 程度まで及ぶ）．これらは，電車線路からの磁場に重畳されており，鉄道車両内では信号設備や人体への影響評価の観点から，全ての磁場を対象として DC〜20kHz までの計測が求められる[3]．しかし，本規準で対象とする電気鉄道周辺の計測・評価では，鉄道車両から放射される磁場は電車線路からの磁場と比べて小さく，影響範囲も限定的であることから，本規準では電車線路からの磁場（DC〜500Hz 程度）を主な対象とする．

また，鉄道車両から直接放射される磁場ではないが，電車線路の近傍において，鉄道車両を構成する磁性体（貨物列車では積載物も含む）の移動に伴い，地磁気が乱されて低周波の変動磁場が観測されることがあるが，電車線路から離れる（おおむね 10m〜20m 程度）とその大きさは無視できる程度まで減衰する．

2.2 線路磁場の発生

> 電気鉄道周辺に発生する磁場(線路磁場)の大きさは,ビオ・サバールの法則に従い,電流の大きさに比例する.

電流が流れる経路周辺には,ビオ・サバールの法則に従って磁場が発生する.例えば,解説図 2.2 に示すように,導線に電流 I [A]が流れているとき,微小な長さ dl [m]から r [m]離れた点 P の位置に作られる微小な磁場の強さ dH [A/m]は,ビオ・サバールの法則によって式 2.1 で与えられる.

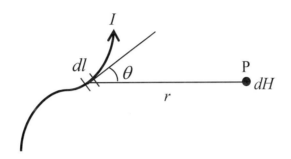

解説図 2.2 ビオ・サバールの法則

$$dH = \frac{I \cdot \sin\theta \cdot dl}{4\pi r^2} \quad \text{[A/m]} \qquad \text{(式 2.1)}$$

ここで,θ は電流方向と点 P のなす角である.
また,微小な磁束密度 dB [T]は,

$$B = \mu_0 H \quad \text{[T]} \qquad \text{(式 2.2)}$$

より,式 2.3 で表される.

$$dB = \frac{\mu_0}{4\pi} \frac{I \cdot \sin\theta \cdot dl}{r^2} \quad \text{[T]} \qquad \text{(式 2.3)}$$

ここで,μ_0 は磁気定数(真空中の透磁率)と呼ばれるもので,次式の値を有する.

$$\mu_0 = 4\pi \times 10^{-7} \quad \text{[H/m]} \qquad \text{(式 2.4)}$$

式 2.1 から分かるとおり,磁場の強さは電流の大きさに比例する.電車の電路設備(変電所から送出された電力を必要箇所に供給するための設備で,電車線路,き電線路,高圧配電線路などから構成される.本規準では,電車線路,き電線路を合わせて広義の「電車線路」,または単に「線路」と称す.)には,電車の走行に伴い,電流が流れる.そのため,その周辺には,ビオ・サバールの法則に従って電流の大きさに比例した磁場が発生する.本規準では,電車線路周辺に発生する磁場を「線路磁場」と称す.

電車線路では,電車のモータを駆動させるための駆動用電力,および電車の空調や照明な

どを稼働させる補機用電力を電流により電車に供給している．駆動用電力と補機用電力との割合は，平均的にはおおむね 7:3 とされている[4]．一般的な構成では，電流は線路近傍にある変電所から架線を通って電車に送られる．解説図 2.3 に架空電車線方式の直流式電車における電流の流れを示す．架線には，き電線・ちょう架線・トロリ線などがあり，トロリ線と接するパンタグラフを介して電車に電流が流れ込む．電車内でモータ・空調・照明などの負荷を駆動させた電流は，車輪を通ってレールに流れ込み，再び変電所に帰っていく．変電所は，線路脇の随所に配置されており，単独に，または隣接変電所と電力を融通しながら電車に電流を供給する．

　交流式電車では，通常，電流は 1 つの変電所のみから供給される．さらに，通信線などに対する誘導障害を考慮して，極力レールを通さずに変電所に電流を戻す方式が用いられる〔解説図 2.4〕．BT 方式では，吸上変圧器（BT）によって吸上線を通して負き電線に，AT 方式では，単巻変圧器（AT）によってき電線に，それぞれレールから電流を吸い上げて変電所に戻す．負き電線，き電線とも，トロリ線の近くに架設される．

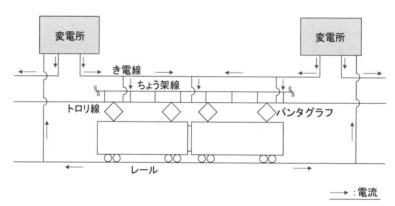

解説図 2.3 直流式電車における電流の流れ

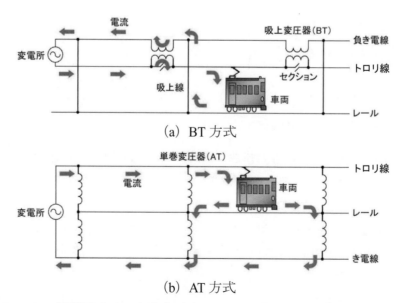

解説図 2.4 交流式電車における電流の流れ[5]

2.3 線路磁場の特性

> - 線路磁場を対象とした計測値は，地磁気成分を含んでいる．
> - 線路磁場は，電車線路に流れる電流の変動に伴い，変動する．電流が変動する主な要因は，電車のモータや補機の消費電力が変動することにある．消費電力には，電車の混雑具合，気温や天候も影響する．また，同じ変電所間を走行する電車のなかで，同時に加・減速する電車が複数あると，電車線路に流れる電流の変動は大きくなる．
> - 線路磁場は，平日の朝および夕方のラッシュ時に大きくなる傾向にある．また，早朝の始発前と深夜の終電後には，線路磁場はほとんど発生しない．
> - 線路磁場の分布は，架線やレールの配置によって異なる．特に，大きな電流が流れるき電線およびレールの配置は，磁場分布に大きく影響する．

異なる計測者によっても比較可能な再現性のある線路磁場の計測値を得るために，あらかじめ知っておくべき線路磁場の特性について記す．

a）地磁気の重畳

線路磁場を対象とした計測から得られる計測値は，定常成分として地磁気（直流磁場）を含んでいる．純粋な線路磁場は，計測値の3成分からそれぞれ地磁気成分を差し引くことにより求めることができる．

b）電流の変動に伴う大きさの変動

線路磁場の大きさは，電車線路に流れる電流の変動に伴い，不規則に変動する．電流が変動する主な要因は，電車のモータや補機（空調や照明など）の消費電力が変動することにある．

一般的な電車の運転では，駅を発車して一定の速度まで加速すると惰行運転（惰性走行）となる．惰行運転中に速度が低下すると再度加速する．加速には，電力を要する．惰行運転には，電力を要さない．そのため，電車が消費する電力は変動する．すなわち，電車が加速する際には大きな電力を消費し，惰行運転や停車をしている際には消費電力は小さくなる（電車の空調や照明などを稼働させる補機用電力を消費するためゼロではない）．また，減速に際しても，電気ブレーキのうち回生ブレーキでは，モータで発電した電力を回生電流として架線に戻すため，架線に電流が流れる（電気ブレーキのうち発電ブレーキでは，モータで発電した電力を抵抗器によって熱に変えてしまうため，架線に電流は流れない）．ただし，回生電流は，変電所から電車に供給される電流とは逆方向であるため，電流が大きくなるというよりも電流の変動が大きくなる．

その他にも消費電力に影響する要因として，電車の混雑具合がある．混雑して乗車率の高い電車ほど加速する際の消費電力が大きくなる．そのため，主に都心部では，平日の朝および夕方のラッシュ時に電車線路に流れる電流が大きくなる．その結果，線路磁場もラッシュ時に大きくなる傾向にある．

さらに，気温や天候も消費電力に影響する．特に夏場や冬場では，空調のための消費

電力が大きくなる．地下鉄の例であるが，4月・5月と比べて7月・8月では電力消費量が9%増大するといった報告がある[6]．増加分は，ほとんどが空調に起因するものと考えられる．その結果，線路磁場も大きくなる．

また，同じ変電所間を走行する電車のなかで，同時に加・減速する電車が複数あると，電車線路に流れる電流の変動は大きくなる．すなわち，平日の朝および夕方のラッシュ時など，電車の運行本数が多い時間帯に線路磁場は大きくなる．ただし，ラッシュ時には，回生電流を変電所に戻すのではなく，他の電車への供給電力として用いるため，電車の運行本数と線路磁場の大きさが常に相関関係にあるとは言えないことに注意する必要がある．

c）計測時間帯による違い

解説図 2.5 は，平日，都心部の直流式電車線路脇で計測された線路磁場の時間変動結果例である．本図では，計測された線路磁場の3成分からそれぞれ地磁気成分を差し引いたうえで磁場の合成値を求め，その最大値を1としたときの相対値を示している．本図から線路磁場は，平日の朝の7時から9時と夕方の18時から20時といったラッシュ時間帯に大きくなる傾向にあることが分かる．また，早朝の始発前と深夜の終電後には，線路磁場はほとんど発生していない．

線路磁場の大きさは，曜日（休日と比べて平日のほうが大きい）や季節（春・秋と比べて夏・冬のほうが大きい）によって異なるが，おおむね解説図 2.5 に示した変動を24時間ごとに毎日繰り返している．そのため，電気鉄道周辺における線路磁場は，周期が24時間の繰返し型変動磁場[7]として扱うことができる．

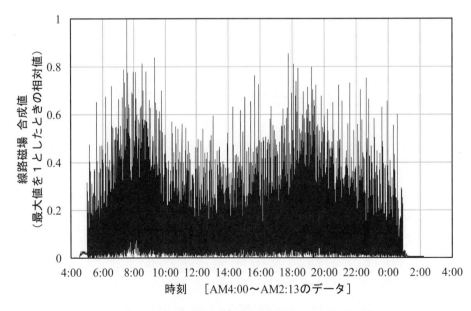

解説図 2.5 直流式電車線路脇で計測された線路磁場の時間変動結果例

d）計測場所による違い

解説図 2.6 は，都心部の直流式電車線路の典型的な 2 軌道線路断面上に，シミュレーションで求めた周辺の磁場分布例を示したものである．上下き電線が共に高架上の中央付近に配置された線路構造の場合を想定（き電線とレールの電流は逆方向で同じ大きさと仮定）し，下り線外軌レールから水平距離 3m のレール高さでの磁場合成値を 1 としたときの磁場の相対値分布を表している．

線路方向に垂直な鉛直断面図で磁場分布を見た場合，その分布は，架線やレールの配置，さらにはレールの接地状況によって異なる．特に，大きな電流が流れるき電線およびレールの配置は，磁場分布に大きく影響する．一般的に，トロリ線・ちょう架線とレールの位置は，どの電車線路でもおおむね同様の配置となっている．しかし，き電線の配置や軌道の数・曲率などは，電車線路によって千差万別である．ここでは，標準的な線路モデルとして，「上下線のき電線が共に高架上の中央付近（高架中央）」に配置された構造を選択している．

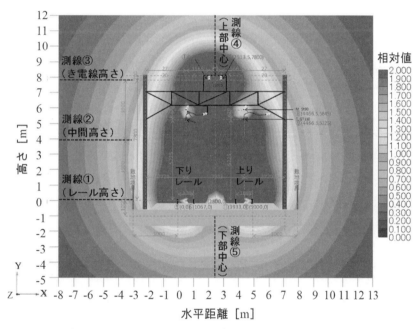

解説図 2.6 直流式電車線路断面上の磁場分布例

参考までに，上下線 2 軌道の直線状線路構造には，大きく分けて，き電線配置が異なる下記の 5 パターンがある．解説図 2.6 で示した線路構造は，線路モデル 1 に相当する．

線路モデル 1：上下き電線が共に高架上の中央付近（高架中央）
線路モデル 2：上下き電線が各軌道の真上付近（軌道直上）
線路モデル 3：上下き電線が高架上の線路脇付近（線路両脇）
線路モデル 4：上下き電線が共に高架上の下り軌道側線路脇付近（下り側線路脇）
線路モデル 5：上下き電線が共に高架上の上り軌道側線路脇付近（上り側線路脇）

線路断面図上の磁場分布は，いずれの線路モデルの場合にも，電車線路から離れるに従って磁場の大きさが減衰していく点は共通する．また，レール高さ付近の磁場分布は，線路モデルによって大きくは変わらない．一方，き電線高さなどの電車線路上部の磁場分布は，き電線の配置によって大きく異なるため，注意する必要がある．したがって，レール高さ付近で計測すれば，構造の異なる電車線路での計測値と比較可能なデータが収集しやすいと言える．

参考として，解説図 2.6 に示した線路モデルについて，次の 5 本の測線を定め，相対的な合成値の距離減衰分布を求めた例を記す．

測線①：レール高さ（下り線外軌レールから水平距離 3m～8m）
測線②：レールとき電線の中間高さ（同上）
測線③：き電線高さ（同上）
測線④：上部中心（軌道間中心の垂線上，レール高さから垂直距離 8m～12m）
測線⑤：下部中心（軌道間中心の垂線上，レール高さから垂直距離 -5m～-1m）

解説図 2.7 に水平方向の距離減衰分布（測線①～③）の結果，解説図 2.8 および解説図 2.9 に垂直方向の距離減衰分布（測線④・⑤）の結果を示す．いずれも縦軸は，下り線外軌レールから水平距離 3m のレール高さでの磁場合成値を 1 とした場合の相対値としている．これらを見て分かるように，磁場は計測地点と電車線路の位置によって大きく異なるため，電車線路と計測点の位置関係を正しく把握することが重要となる．

電車線路では，レールの配置が共通していることが多いため，位置を示す際の基準点にレール位置を使うと便利である．本節で示した磁場分布の結果では，座標軸の基準点にいずれも下り線外軌レール位置を用いている．

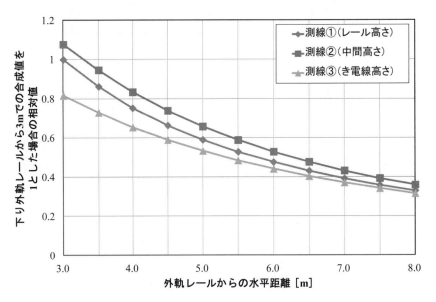

解説図 2.7 水平方向の磁場の距離減衰分布（測線①～③）

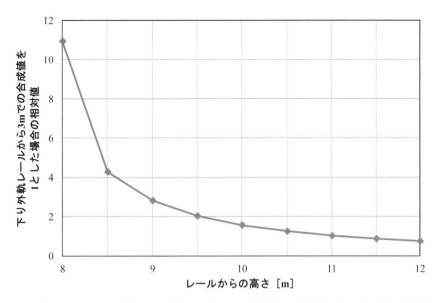

解説図 2.8 垂直方向（線路上部）の磁場の距離減衰分布（測線④）

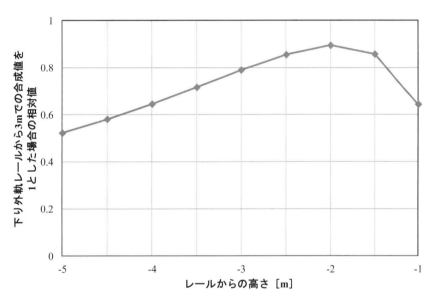

解説図 2.9 垂直方向（線路下部）の磁場の距離減衰分布（測線⑤）

2.4 電気鉄道周辺での変動磁場計測

・線路磁場は,計測点を特定して時間軸で見れば,大きさが変動する変動磁場であり,電気鉄道周辺で計測される磁場は,変動磁場として取り扱う.
・変動磁場としての扱い方は,防護対象機器に影響する要因が磁場の最大値(絶対値)であるのか,変動量(相対値)であるのかによって異なる.
・磁場の最大値が問題となる場合には,繰返し型変動磁場[7]として扱い,電車運行時間中,瞬時値を連続的に計測して,その最大値を求める必要がある.ただし,都心部では一般的には平日の朝および夕方のラッシュ時間帯だけの計測でもよい.
・磁場の変動量が問題となる場合には,連続性の不規則型変動磁場[7]として扱い,所定の評価時間における P–P (Peak to Peak)値で評価する.この場合も,一般的には平日の朝および夕方のラッシュ時間帯での計測を行えばよい.
・磁場の最大値・変動量とも,年間の最大値を想定するには,電力消費量に応じた補正をする必要がある.鉄道会社からの情報に基づく補正が望ましいが,年間の最大電力消費量と最小電力消費量との差を仮定したうえでの補正でもよい.
・特に交流磁場変動については,真の最大値(P–P 値)を求める必要がある場合を除き,実効値(真の実効値)で記録してもよい.

　線路磁場は,電車線路に流れる電流の変動に伴い,その大きさは時々刻々と変化している.したがって,計測点を特定して時間軸で見れば,大きさが変動する変動磁場ということになる.直流式電車では,直流磁場変動(直流磁場の緩やかな変動),交流式電車では,交流磁場変動[交流磁場(50Hz/60Hz)の大きさの変動]である.解説図 2.10 に直流式電車の計測事例(計測時間 30 分間),解説図 2.11 に交流式電車の計測事例(計測時間 600 秒間)を示す.また,解説図 2.12 に解説図 2.11 の A 区間を拡大した結果(計測時間 1 秒間)を示す.いずれも,不規則に大きさが変動している.

　変動磁場は,連続性の不規則型変動磁場,一過性の不規則型変動磁場,繰返し型変動磁場に分けられる[7].電車線路周辺の変動磁場は,典型的な連続性の不規則変動磁場である.一方,2.3 で述べたとおり,周期が 24 時間の繰返し型変動磁場として扱うこともできる.

　本規準では,主な防護対象機器を電子顕微鏡および NMR/MRI としているが,機器によってその動作に影響する要因は異なる.影響する要因が磁場の最大値(絶対値)であるのか,変動量(相対値)であるのかなど,機器ごとに異なる影響要因を確認し,計測の目的を事前に明確にしておく必要がある.

　磁場の最大値が問題となる場合(例えば,電子顕微鏡に対する交流磁場変動の影響)は,繰返し型変動磁場として扱い,電車運行時間中,瞬時値を連続的に計測して,その最大値を求める.ただし,線路磁場の時間変動特性〔解説図 2.5〕を考慮すると,都心部では一般的には平日の朝および夕方のラッシュ時間帯(例えば,朝 7 時〜9 時,夕方 18 時〜20 時)だけの計測でもよい.

2章 電気鉄道と変動磁場 —13—

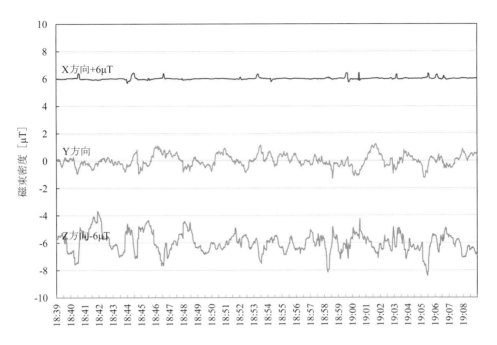

解説図 2.10 直流式電車の計測事例（計測時間 30 分間）

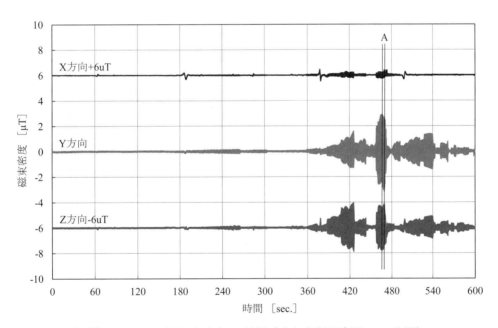

解説図 2.11 交流式電車の計測事例（計測時間 600 秒間）

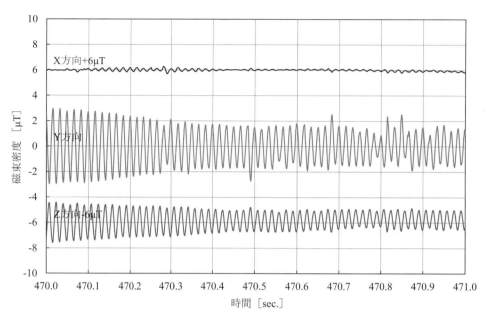

解説図 2.12 交流式電車の計測事例（計測時間 1 秒間）

　一方，磁場の変動量が問題となる場合（例えば，電子顕微鏡に対する直流磁場変動の影響）は，連続性の不規則変動磁場として扱い，所定の評価時間における P-P（Peak to Peak）値で評価する必要がある．この場合も，一般的には平日の朝および夕方ラッシュ時間帯で計測を行えばよい．

　なお，磁場の最大値・変動量とも，計測から求まった値は，あくまで計測当日（さらに言えば，計測時間帯）での値であり，年間の最大値を想定するには，電力消費量に応じた補正をする必要がある．鉄道会社に計測日の電力消費量と年間の最大電力消費量を確認して，両者の比率をもとに補正することが望ましいが，難しい場合には，年間の最大電力消費量と最小電力消費量との差を仮定したうえで計測値を補正してもよい．例えば，2.3 の解説で紹介した地下鉄の例[6]では，年間の最大電力消費量と最小電力消費量との差が 9% とされており，安全をみて 10% と仮定したうえで，計測日が夏場・冬場以外であった場合，計測から求まった磁場の最大値・変動量を 1.1 倍するといった方法である．

　次に，交流磁場については，長時間の計測を想定した場合，瞬時値の計測ではデータ量が膨大となるため，実効値（真の実効値）での計測が望まれる．解説図 2.13 に，解説図 2.12 に示す Y 方向の瞬時値と実効値の比較を示すが，瞬時値が 60Hz の周波数を基本として不規則に減衰しているのに対して，実効値は緩やかに減衰している．実効値を $\sqrt{2}$ 倍して簡易的に求めた波高値も併記しているが，突発的な変動を除き，おおむね瞬時値のピークを捉えており，計測時間内における最大値を算出することも可能である．したがって，突発的な変動も含め，変動磁場の真の最大値（P-P 値）を求める必要がある場合を除き，実効値の計測でも十分と言える．その場合，磁場計測器が実効値出力（計測器によっては，レコーダ AC 出力と表記される）機能をもっていることが前提となる．

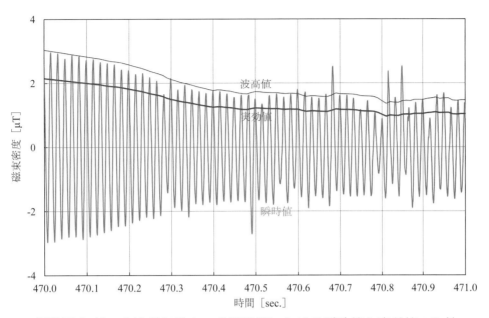

解説図 2.13 交流磁気電車の磁場計測における瞬時値と実効値の比較

なお，交流式電車の計測では，一般の送電線や電気室から漏洩する磁場（交流磁場）の計測と異なり，短時間で磁場（交流磁場）の振幅が大きく変動する〔解説図 2.11〕．また，直流式電車・交流式電車とも，電車が計測点から遠く離れて見えないときでも大きな磁場変動が生じることがある．したがって，電車の通過時に照準を合わせた数分間程度の短時間の計測では，磁場の最大値または変動量を正しく捉えることができていない場合がある．このような事態を避けるには，適切な計測時間の設定が重要となる．

参考文献

1) 鉄道総合技術研究所・日本鉄道電気技術協会：わかりやすい鉄道技術［鉄道概論・電気編］，鉄道総合技術研究所，2004
2) 水間 毅：鉄道における不要放射磁界の測定法の標準化と適用事例，電子情報通信学会誌，Vol.97，No.6，pp.467〜471，2014
3) IEC 62597 TS Ed. 1：Measurement procedures of magnetic field levels generated by electronic and electrical apparatus in the railway environment with respect to human exposure
4) 秦 広：鉄道の省エネルギー，RRR，Vol.69，No.5，pp.4〜7，2012
5) 重枝明伸：車両から変電所までの電気の流れ，RRR，Vol.66，No.10，pp.38〜41，2009
6) 国土交通省・環境省：平成15年度 都市における人工排熱抑制によるヒートアイランド対策調査報告書，2004
7) 日本建築学会：AIJES-E0001-2011 環境磁場の計測方法に関する運用規準・同解説，2011

3章　防護対象機器

> 変動磁場による影響を正しく評価するためには，防護対象機器（電子顕微鏡およびNMR/MRI）について，その原理と概要，変動磁場による影響，変動磁場の許容値を正しく理解しておく必要がある．

3.1　電子顕微鏡

> 電子顕微鏡や電子ビーム描画装置など，電子線を利用して微細構造観察・加工を行う装置では，電子線の制御に磁場を使用するため，外乱磁場（変動磁場）により装置の性能発揮が妨げられる．
>
> 変動磁場の許容値は，メーカ・機種により異なるため，計測・評価の前に確認しておく．

3.1.1　電子顕微鏡の原理と概要

近年，半導体製造ラインでは，素子の微細化により欠陥検査・分析に透過型電子顕微鏡（Transmission Electron Microscope；TEM）や走査型電子顕微鏡（Scanning Electron Microscope；SEM）を使用するケースが増加しており，環境要因の悪化は，製品の品質や歩留まりの低下に直結するため，より高度な対策が求められる傾向にある．また，研究分野においても，原子レベルの観察を可能とする超高分解能TEMや高度化した収差補正の導入などにより，サブナノメータレベルでの安定した観察を可能とする環境が強く求められている．

電子顕微鏡（TEM，SEM）や電子ビーム描画装置（Electron Beam Lithography；EB）など，可視光に代わり電子線を利用して微細構造観察・加工を行う装置においては，電子線の制御に磁場を使用するため〔解説図3.1〕，外乱磁場が装置の性能発揮を妨げる要因となる．以下に各装置の概要を記すが，いずれも観察・加工する対象物がnmオーダの微細さであり，通常では問題とならない程度のわずかな磁場変動でも観察像や加工の乱れとなって現れる．

a）TEM

　光源（電子銃）より射出された電子線を試料に照射（透過）した後，各種レンズ（磁界レンズ）と絞りを調節することにより，像観察室の蛍光板上に試料の拡大像が形成される．分解能は，0.1nm～0.3nmである．また，TEMの一種で，試料を透過した電子線を走査させて画像を得る走査透過型電子顕微鏡（STEM）もある．

b）SEM

　電子銃より射出された電子線を集束レンズによって試料面で絞られた電子プローブを走査コイルにより走査（Scan）し，反射又は二次的に発生した電子を検出器で捕捉して像を観察する．分解能は，0.5nm～4nmである．

c）EB

　半導体チップ製造時に使用されるレチクル（フォトマスク）の描画用として使われ，電子銃より射出された電子線をレンズや偏向器，ブランキング電極により操作し，レチクルのもととなる描画材料にLSIのパターンを照射（描画）する．線幅45nm対応の場

合，レチクル上で線幅0.2μmのパターンを位置精度2nm〜5nmの誤差で描画することが要求される．

また，TEMおよびSEMにおいては，像を直接観察する以外にも，電子線照射により発生する反射電子や二次電子，特性X線などを使用する各種分析方法が実用化されており〔解説図3.2〕，方法によっては非常に微弱な電子エネルギーを捕捉し分析するため，像観察時よりも厳しい許容値を要求される場合がある．

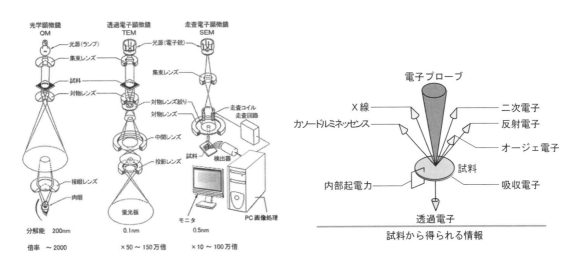

解説図3.1　電子顕微鏡の原理　　　　解説図3.2　電子線照射により得られる各種情報

3.1.2　変動磁場による影響

変動磁場による影響は，観察像上では変動の大きさと早さ，方向に対応した像のゆらぎや歪み，シフトとなって現れる．電源周波数やその倍数成分などの周期的な変動（交流磁場）の場合は，像に周期性のある輪郭のビビリなどが現れる．SEM像の場合，スキャンスピードとビビリの周期をカウントすることにより，原因周波数が特定できる場合がある．

解説図3.3および解説図3.4に電子顕微鏡像での変動磁場による影響例を示す．

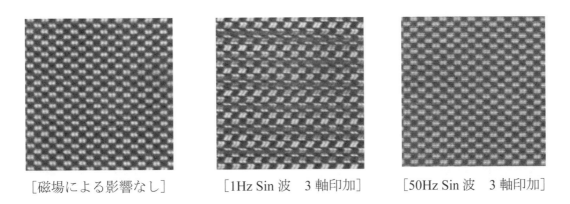

［磁場による影響なし］　　　　　［1Hz Sin波　3軸印加］　　　　　［50Hz Sin波　3軸印加］

解説図3.3　透過型電子顕微鏡（STEM像，サンプルSi【110】，×40M）の影響例

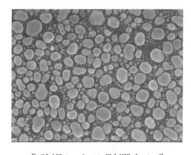  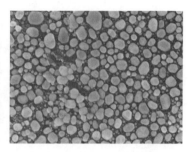

　　［磁場による影響なし］　　　　［1Hz Sin 波　3 軸印加］　　　［50Hz Sin 波　3 軸印加］

解説図 3.4　走査型電子顕微鏡（二次電子像，サンプル金蒸着粒子，×100K）の影響例

　走査像を FFT 処理することによって得られるパターンにおいては，ゴーストスポットやノイズ輝線の出現などの現象が見られる．また，エネルギーロス分析（EELS 法）では，スペクトラムピークの変動が発生する．解説図 3.5 に走査透過像の FFT 処理後パターンでの変動磁場による影響例を示す．

　EB においては，描線の歪みや欠損，隣接する描線との短絡などの問題が発生する．

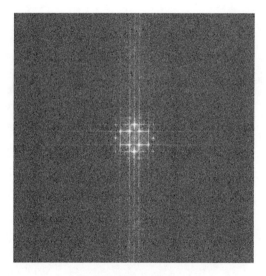 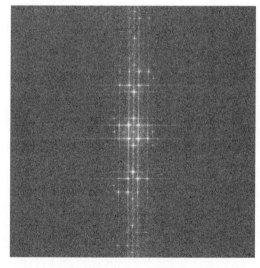

　　　　［磁場による影響なし］　　　　　　　　　　［50Hz Sin 波　3 軸印加］

解説図 3.5　走査透過像を FFT 処理したパターンでの影響例

3.1.3　変動磁場の許容値

　変動磁場の許容値は，装置メーカによって，また機種によって許容値とその表記方法にばらつきがある．以下に代表的なメーカの公表されている許容値の表記例（無作為に選んだ機種における例）を記す．

a）国内 A 社

　　TEM　　　：$0.05\mu T_{p-p} \sim 0.1\mu T_{p-p}$（直流変動分・交流とも）
　　SEM・EB：$0.3\mu T_{p-p}$（50Hz/60Hz Sin 波）

b) 国内 B 社

　　TEM：電源周波数成分　　　　0.1 μT 以下
　　SEM：AC 磁場（実効値）　　　水平方向 32nT，垂直方向 30nT（加速電圧 3kV）
　　　　　　　　　　　　　　　　水平方向 100nT，垂直方向 125nT（加速電圧 30kV）
　　　　　DC 磁場変動（P-P 値）　水平方向 35nT，垂直方向 34nT（加速電圧 3kV）
　　　　　　　　　　　　　　　　水平方向 114nT，垂直方向 142nT（加速電圧 30kV）

c) 海外 C 社

　　TEM：Horizontal 80nT$_{p-p}$，Vertical 80nT$_{p-p}$
　　SEM：75nT　a-synchronous（peak to peak value for x,y,z directions）
　　　　225nT$_{p-p}$　synchronous（peak to peak value for x,y,z directions）for the Line times

　一般的な公表値はこのように表記されるが，前述のとおり観察・分析方法やアタッチメントによって異なる場合がある．原理的には，以下の場合に磁場による影響を受けやすいと言える．

・電子線の加速電圧が低い．
・微小プローブを走査する（SEM，STEM）．
・ワーキングディスタンス（対物レンズ〜試料間の距離）が長い．

　発生源からの距離では，一般的に直流式電車線路より数 100 メートル以内，大型車が通行する幹線道路より数 10 メートル以内，エレベータや搬送機から 10 メートル以内にこれらの装置が設置される場合には，直流磁場変動による影響を考慮する必要があるとされている．交流磁場の場合は，変電・送配電設備が主要な発生源となるが，流れる電流値の大小によって発生する磁場が変化するため，実際の使用状況を想定したシミュレーションを実施することが望ましい．

3.2 NMR/MRI

> NMR/MRIでは,原子核のスピンのもつ磁化方向を揃えるために外部から強い静磁場をかける必要がある.静磁場には高い均一性が求められ,環境磁気ノイズ(変動磁場)によりその均一性が保たれない場合,様々な障害が生じる.
>
> 変動磁場の許容値は,メーカ・機種により異なるため,計測・評価の前に確認しておく.

3.2.1 NMRの原理と概要 [1]

物質を形作る原子の中には,原子核が小さい磁石の性質をもつものがある(例:水素核).このような原子核は,独楽のように自転している(原子核スピン;解説図3.6 A)が,これに外部から強い静磁場を作用させると原子核スピンのもつ磁化は,磁場をかけた方向に向けて全体として揃う傾向となる(巨視的磁化).ここで,特定の周波数のラジオ波を照射すると,原子核スピンが静磁場方向を軸として首振り運動(歳差運動)を起こす(解説図3.6 B).歳差運動の周期は,核種ごとに固有(ラーモア周波数;解説図3.7)で,印加した磁場の強さに比例する.ラーモア周波数のラジオ波を照射することで原子核は共鳴を起こし(核磁気共鳴 Nuclear Magnetic Resonance),その時のエネルギーの吸収・放出を電気的に計測することにより共鳴現象が検知できる.

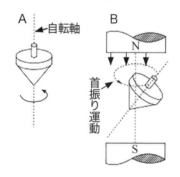

	共鳴周波数
^1H	500MHz
^9F	470MHz
^{31}P	203MHz
^{13}C	125MHz
^{15}N	50MHz
^{14}N	35MHz

解説図3.6 原子核スピンと歳差運動　　解説図3.7 11.74T時の共鳴周波数(ラーモア周波数)

原子核のラーモア周波数がその原子の化学結合状態などによってわずかながらも変化する(化学シフト)ことを利用し,物質の分析・同定の手段としてNMRが用いられている.NMR測定法は多くの手法が開発されているが,現在主流とされているのはFT-NMR法(フーリエ変換NMR)である.これは,インパルス(パルス状のラジオ波)を試料に当てて,全ての原子核を一斉に励起し,その結果生じる磁化ベクトルの変化を測定し,これをフーリエ変換することでNMRスペクトルを得る方法である.高速フーリエ変換のアルゴリズムの開発およびコンピュータハードウェアの発達によりフーリエ変換の計算時間が短縮され,膨大なデータを処理する必要のある測定も実用的となった.解説図3.8に比較的構造が単純な核種(エタノール)のNMRスペクトル,解説図3.9により構造が複雑な核種(ストリキニーネ)のNMRスペクトルを示す.

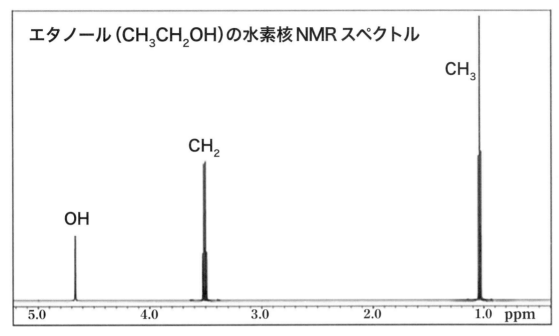

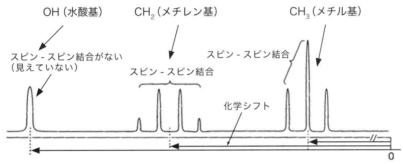

解説図 3.8　エタノールの NMR スペクトル

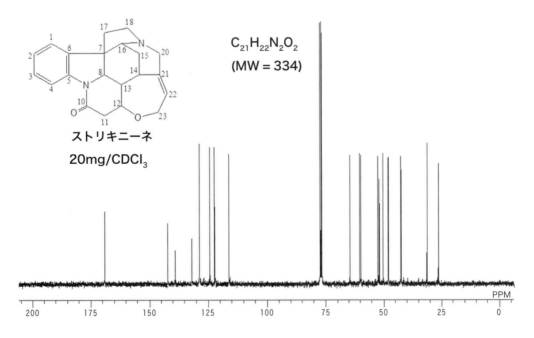

解説図 3.9　ストリキニーネの NMR スペクトル

NMRは，一定の磁場（外部磁場）をかける磁石，ラジオ波を発生させる高周波発信器，ラジオ波パルスの照射とシグナルの検出を行うプローブ，プローブで検出された信号を増幅する増幅器，およびコンピュータで構成されている〔解説図3.10〕．

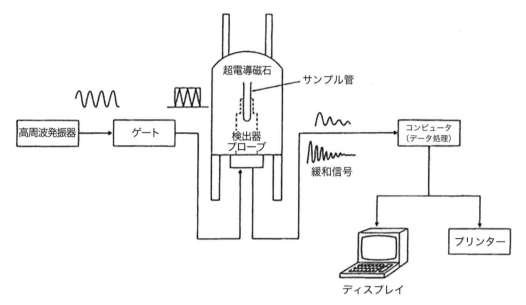

解説図3.10　NMRの構成

　磁石には，永久磁石，電磁石，超電導磁石があり，超高均一で時間変動のない高安定度なものが必要とされる．磁場が強力になるほど，スピン状態間のエネルギー差が大きくなり，測定の感度が上がる．また，ラーモア周波数は磁場に比例するため，磁場が強力になると接近した周波数をもつピークどうしの分解能が高くなるなど，様々なメリットがある．そのため，非常に強力な磁場を発生させることが可能な超電導磁石を使う装置が現在の主流となっている．磁石の発生し得る磁場の強度は，その磁場強度における水素原子核のラーモア周波数で表現される．例えば，11.74 T の磁場は，500 MHz と称される．

　プローブは，試料に対して共鳴周波数のラジオ波パルスを照射し，また試料の吸収エネルギーを検出するものである．外観は円筒型で，上部に試料管を受ける凹みがあり，この凹みの周囲にパルスの照射およびシグナルの検出を行うためのコイルが巻かれている．なお，プローブは磁石下部中央から磁石内部に挿入され，測定の目的に合わせて交換することが可能である．

　コンピュータは，全体をコントロールするコンピュータと，得られた信号のデータ処理，データ書き出しのためのコンピュータが付属している．

　FT-NMR法では，高周波発振器から発生したラジオ波をパルスにすることで化学シフト全域を共鳴させ，またそれを繰り返す積算操作を行い，信号を足していくことによって感度を向上させている．化学シフトによる周波数の差は，10^{-9} レベルのオーダであり，それを正確に検出するために磁石，高周波発振器ともに極めて安定していることが要求される．

3.2.2 変動磁場による影響（NMR）

NMR は，磁場を用いて各種の現象を測定・解析する装置であり，環境磁場の変動は測定結果に影響を与える．ただし，NMR の場合，測定結果はスペクトルの形で得られ，測定方法やデータ処理に様々な工夫を施すことにより影響を低減することが可能である（NMR ロック，積算処理，フィルタリングなど）．

しかし，変動磁場が大きい場合や常時ランダムな変動がある場合など，こういった対策をもってしても測定結果より影響を排除することが不可能な場合もある．また，測定対象によってはこういった対策を取れない場合もある（固体 NMR など）．解説図 3.11 に直流式の電車線路より 10 数メートル離れた位置に設置された NMR で測定された水素原子核（^{1}H）の NMR スペクトルを示す．横軸が周波数（0 を ^{1}H の基準周波数とする），縦に並ぶ横線が 1 回ごとの測定結果である．

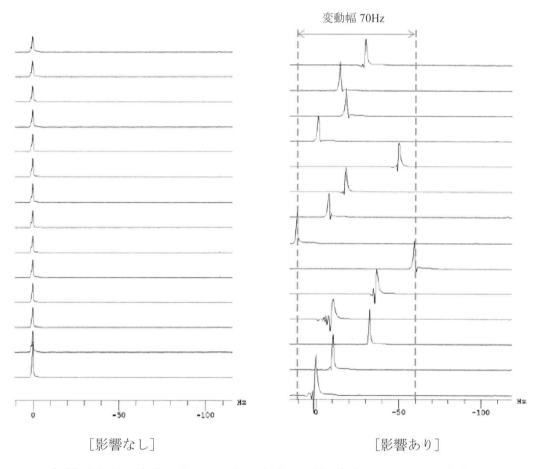

［影響なし］　　　　　　　　　　［影響あり］

解説図 3.11 変動磁場の影響例；水素原子核（^{1}H）の NMR スペクトル

この例では，変動磁場の影響により周波数のシフト（70Hz）とピーク波形の乱れが見られ，実際の NMR 測定では偽信号となり測定の妨げとなる．測定の対象物や方法により，影響を低減させる手法の適用可否が変わるため，変動磁場による影響の有無を判定する際には，特段の注意が必要である．

3.2.3 MRIの原理と概要[2]

磁気共鳴画像法（Magnetic Resonance Imaging）は，NMR現象を利用して生体の内部情報を画像化する方法である．MRIは，そのCT（Computer Tomography）装置で，原子核のスピンを分極させるための磁石系と，分極したスピン系とエネルギーをやり取りするためのラジオ波（RF）受信系で構成されている．磁石系は，安定した強い静磁場を作る磁石，磁場の均一性を高めるための補助コイル群（シムコイル），x・y・z3方向の勾配磁場（傾斜磁場とも呼ばれる．）を発生する勾配磁場コイル，およびこれらの電源からなる．ラジオ波受信系は，ラジオ波の発信器，増幅器，RFコイル，および信号受信機からなる．これらは，コンピュータシステムで統合される．

強い静磁場を作る磁石としては，超電導磁石，常電導磁石，永久磁石があるが，現在の強磁場MRIには全て超電導磁石（1.5T/3Tが主流）が用いられている．生成される磁場の安定性や均一度を高めるため，一般に4～6個のコイルで構成され，さらに外部に漏洩する磁場を低減することを目的として，キャンセルコイルも組み込まれている．

勾配磁場コイルは，画像測定において位置選択に中心的役割を果たすコイルである．NMRと異なり，MRIでは断層の画像を得るために核スピンの空間分布，すなわち位置情報が必要となる．そのため，均一な静磁場とは別に距離に比例した強度をもつ磁場（勾配磁場）をかける．勾配磁場によって，原子核（通常は^{1}H）の位相や周波数が変化する．実際に観測するのは，個々の信号の合成されたものであるから，得られた信号を解析する際に，二次元または三次元のフーリエ変換を行うことで個々の位置の信号（各位置における核磁化に比例）に分解し，画像を描き出す．

RFコイルは，ラジオ波を送受信するコイルである．MRIでの画像化は，ほとんどの場合，生体に含まれる水分子の水素原子核（^{1}H）を対象としており，その共鳴周波数は静磁場が1.5Tの場合64MHz，3Tの場合128MHzであり，これらの周波数のラジオ波をRFコイルによって送信する．生体組織の部位による違いを判別するために，ラジオ波パルスを停止した際に歳差運動が元に戻る（緩和現象）までの組織による時間差を検知し，位置情報とともに画像化する．

3.2.4 変動磁場による影響（MRI）

MRIで鮮明な画像を得るには，均一な静磁場空間が必要で，環境磁気ノイズ（変動磁場）によりその均一性が保たれない場合は，アーチファクト（偽像）やS/N比（画像に対するノイズ比率）悪化の原因となる〔解説図3.12〕．NMRの場合は，アウトプットがスペクトラムのため変動磁場による影響を低減する手法が使えるケースが多いが，MRIの場合は，アウトプットが画像であるため低減手法は使えず，一般的にNMRと比較して変動磁場による影響は大きい．また，測定・判定結果が人体の健康と人命に係るため，影響評価にあたっては，慎重な検討・判断が必要となる．

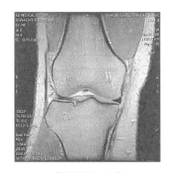 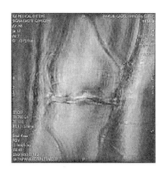

　　　　　［影響なし］　　　　　　　　　　　　［影響あり］

解説図 3.12　変動磁場の影響例；MRI 画像[3]

3.2.5　変動磁場の許容値

　変動磁場に対する許容値は，装置メーカ，機種によって異なるため，その都度確認を行う必要がある．以下にメーカより公表されている変動磁場の許容値の例（無作為に選んだ機種における例）を記す．

a）NMR（国内 D 社）

　　変動の速さ：0〜0.5μT/s　　→　振幅：3μT 以下

　　　　　　　0.5μT/s 以上　　→　振幅：0.5μT 以下

　　電源周波数（50Hz/60Hz）成分：5μT 以下

b）MRI（国内 E 社）

　　直流磁場変動：$0.5\mu T_{p-p}$ 以下

　　　※ただし，1Hz 以下の周期をもつ変動磁場の場合は $1.0\mu T_{p-p}$ 以下

　　電源周波数（50Hz/60Hz）の変動：$0.1\mu T_{p-p}$ 以下

参 考 文 献

1) 日本電子株式会社：ホームページ
2) 日本磁気共鳴医学会 安全性評価委員会：MRI安全性の考え方 第2版, 秀潤社, 2014
3) 中野パーマロイ株式会社：ホームページ

4章 計測機器

> 変動磁場の計測は，磁場計測器を用いて行う．計測データは，データ記録装置に収録する．その他，センサスタンドなどの補助的な機器も必要となる．これらは，計測の目的・種類・精度などを考慮したうえで，適切な仕様のものを選定する．
>
> 計測の品質を保証するためには，計測機器の定期的な校正も必要となる．

4.1 磁場計測器

> 磁場計測器は，対象とする変動磁場の計測に適合した磁気検出方式・磁場の検出軸・分解能および計測レンジ・周波数帯域・アナログ電圧信号の出力を満足する機器を選定する．

本規準では，磁場の強さ H を磁束密度 B によって計測・評価する[1]．空間の磁束密度を計測する機器が磁場計測器である．磁場計測器には様々な仕様の機器があり，計測の目的・種類・精度などに応じて，適切な機器を選択する必要がある．

4.1.1 磁気検出方式

> 磁場計測器の磁気検出方式としては，直流磁場ではフラックスゲート方式（磁気発振方式を含む），交流磁場ではフラックスゲート方式またはサーチコイル方式を用いる．

磁場計測器の磁気検出方式には，ホール素子，フラックスゲート（磁気発振方式を含む），サーチコイルなどがある[1]．本規準では，主に分解能および計測レンジ，周波数帯域を考慮して，直流磁場ではフラックスゲート方式，交流磁場ではフラックスゲート方式またはサーチコイル方式を用いるものとする．ホール素子方式は，一般的に温度ドリフトの影響が大きいため，本規準では対象としない．

4.1.2 磁場の検出軸

> 磁場計測器は，磁場（磁束密度）のベクトル 3 成分を同時に検出できるものを使用する．

解説図 4.1 に磁場（磁束密度）のベクトル 3 成分を示す．磁場計測においては，計測点ごとに，この 3 成分を同時計測しなければならない．1 つのセンサを内包した 1 軸プローブ 3 本をそれぞれ直交させて使用してもよいが，直交した 3 つのセンサを内包した 3 軸プローブの使用を推奨する．

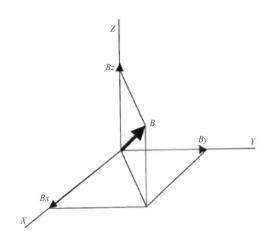

解説図4.1 磁場（磁束密度）のベクトル3成分

4.1.3 分解能および計測レンジ

> 磁場計測器は，計測で求められる最小の値（以下，「最小計測値」と称す．）の1/10以下の分解能を有するものを使用する．また，計測データが飽和（オーバフロー）しないように適切な計測レンジ（ダイナミックレンジ）を有するものを使用する．

　計測の精度を確保するため，磁場計測器の分解能は，最小計測値の1/10以下とする必要がある．一般的に，電子顕微鏡の変動磁場に対する許容値は100nT程度であり，最小計測値も同じ値となるため，磁場計測器の分解能は10nT以下が求められる．ただし，TEMの一部機種，またはSEMでも加速電圧が低い場合は，許容値が30nT〜50nTとなるものもあり〔3.1.3参照〕，この場合の分解能は3nT〜5nT以下が求められる．

　ここで，「分解能」という用語であるが，計測器の分解能といった場合，一般的には計測器本体にディジタル表示される最小の値（最小表示値，アナログ表示の場合は最小読取り値）を指すが，本規準では磁場計測器で計測されたデータをディジタル収録したうえで評価することを基本としているため，磁場計測器から出力されるアナログ電圧信号が所定の精度で判別できる最小のレベル［電圧，または換算した磁束密度（磁場）］を指すものとする．すなわち，最小計測値の1/10の分解能とは，最小計測値の1/10（例えば，10nT）を判別するに足りる精度（ノイズレベル）ということである．

　また，計測レンジについては，飽和（オーバフロー）だけでなく，分解能についても注意する必要がある．計測レンジと分解能は表裏一体の関係にあり，計測レンジを広くすると分解能は低くなり，計測レンジを狭くすると分解能は高くなる．そのいずれをも満足する磁場計測器を選択する必要がある．計測レンジの切換ができる磁場計測器では，最適な計測レンジと分解能の組合せを設定する．

4.1.4 周波数帯域

> 磁場計測器は，対象とする磁場の周波数帯域を十分にカバーしたものを使用する．

　直流式電車の周辺で問題となる磁場の周波数帯域は，DC～数Hz程度である．また，交流式電車の周辺で問題となる磁場の周波数帯域は，電源周波数（50/60Hz）とその高調波成分を含むため，数10Hz～500Hz程度である．磁場計測器は，これらの周波数帯域を十分にカバーしたものを使用しなければならない．

4.1.5 アナログ電圧信号の出力

> 磁場計測器は，計測したデータをデータ記録装置によってモニタリングまたは記録するため，アナログ電圧信号が出力されるものを使用する．

　磁場計測器のアナログ電圧信号の出力仕様は，次のいずれかを満たすものとする．

a) 直流磁場（DC）モードと交流磁場（AC）モードの2つの計測モードをもつ磁場計測器（フラックスゲート方式）

　　直流磁場（DC）モードにおいては，DC～20Hz程度の変動磁場の磁場波形に対応したアナログ電圧信号が出力できること（例えば，「レコーダDC出力」と表記される）．また，高分解能（高精度）でデータを記録するためには，地磁気などの背景磁場をキャンセルする機能をもつ計測器が望ましい．

　　交流磁場（AC）モードにおいては，交流磁場の実効値（真の実効値）をアナログ電圧信号で出力できること（例えば，「レコーダAC出力」と表記される），またはACカップリングで数10Hz～500Hzまでの交流磁場波形に対応したアナログ電圧信号が出力できること［例えば，「モニタ出力」と表記され，DCカップリングモードで全波形出力，ACカップリングモードで数10Hz以上の波形に出力を限定できるものがある．高分解能（高精度）でデータを記録するためには，ACカップリングモードを選択する］．

b) 計測モードの選択がない磁場計測器（フラックスゲート方式）

　　DC～500Hzまでの直流磁場および交流磁場波形に対応したアナログ電圧信号が出力できること（例えば，「モニタ出力」，「OUTPUT」と表記される）．

c) 交流磁場専用の磁場計測器（サーチコイル方式）

　　交流磁場の実効値（真の実効値）をアナログ電圧信号で出力できること（例えば，「レコーダAC出力」と表記される），またはACカップリングで数10Hz～500Hzまでの交流磁場波形に対応したアナログ電圧信号が出力できること（例えば，「モニタ出力」と表記される）．

　なお，センサからの信号を直接コンピュータに収録する構成の計測系，またはそれに類する計測系については，4.1.1～4.1.4の基本仕様を満たし，かつ校正のとれた磁場計測器と認められる場合，アナログ電圧信号の出力に関して上記 a），b），c）に適合する必要はない．

4.2 データ記録装置

> 磁場計測器で得られた計測データは，データ記録装置でモニタリングおよび記録を行う．
>
> データ記録装置の選定では，A/D コンバータの分解能に注意するとともに，十分な精度が確保できる磁場計測器との組合せを考慮する．

データ記録装置は，磁場計測器により得られた計測データをモニタリングおよび記録する機器で，データロガー，オシロスコープ，FFT アナライザなどがある．データロガー（記録）機能とオシロスコープ（波形表示）機能を併せもったデータ記録装置もあり，これを使えば，モニタリングおよび記録が 1 台でできる．

4.2.1 A/D コンバータの分解能

> データ記録装置は，磁場計測器からのアナログ電圧信号を十分な精度でディジタル記録するために，A/D コンバータの分解能として 16bit 以上を推奨する．ただし，磁場計測器が必要な磁場レンジを十分な電圧で出力できる場合は，14bit の A/D コンバータを用いてもよい．

データ記録装置において，A/D コンバータの分解能（bit 数）は，記録可能な最小電圧を決定する指標である．16bit の A/D コンバータでは，入力電圧のフルスケールを $2^{16} = 65,536$ 個に分割して表現することができる．例えば，±10V（フルスケール 20V）の信号を入力可能なデータ記録装置であれば，記録可能な最小電圧は 0.305mV に相当する．bit 数が小さくなるほど最小電圧は大きくなるため，微小なデータが記録できなくなっていくことを意味する．本規準では，精度の高い計測システムを構成するため，16bit 以上を推奨する．

4.2.2 磁場計測器とデータ記録装置の組合せ

> 磁場計測器の計測レンジと出力電圧，およびデータ記録装置の bit 数と入力電圧によってデータ記録装置に保存される最小記録磁場（データ記録の分解能）が決まることに注意し，データ記録装置の選定では，この最小記録磁場が最小計測値の 1/10 以下となるような磁場計測器との組合せを選ぶ必要がある．

例えば，磁場の変化量が 0.1μT（100nT）よりも大きいかどうかを判定する場合，最小計測値 a は 0.1μT ということになり，最小記録磁場 b はその 1/10 である 0.01μT（10nT）以下であることが求められる．ここで，b は磁場計測器およびデータ記録装置の仕様と設定で自動的に決まる値である．磁場計測器の計測レンジを c [μT]，出力電圧を ±d [V] とすると，磁束密度と電圧の換算係数 e は，

$$e = \frac{c}{d} \quad [\mu T/V] \tag{式 4.1}$$

となる.また,データ記録装置のbit数をf,入力電圧を$\pm g$[V]とすると,最小電圧h[mV]は,

$$h = \frac{2 \cdot g}{2^f} \times 10^3 \quad [\text{mV}] \quad (\text{式}4.2)$$

となり,これらから最小記録磁場b[nT]は,次式で算出される.

$$b = e \cdot h = \frac{c}{d} \cdot \frac{2 \cdot g}{2^f} \times 10^3 \quad [\text{nT}] \quad (\text{式}4.3)$$

解説表4.1に磁場計測器とデータ記録装置の条件で決まる最小記録磁場の例を示す.

解説表4.1 磁場計測器とデータ記録装置の条件で決まる最小記録磁場の例

磁場計測器		データ記録装置			
計測レンジ c [μT]	出力電圧 d [V]	bit数 f	入力電圧 g [V]	最小電圧 h [mV]	最小記録磁場 b [nT]
100	±10	16bit	±10	0.305	3.052
10					0.305
1					0.031
100	±1	16bit	±1	0.031	3.052
10					0.305
1					0.031
100	±10	14bit	±10	1.221	12.207
10					1.221
1					0.122
100	±1	14bit	±1	0.122	12.207
10					1.221
1					0.122

例として挙げた最小計測値aが0.1μT(100nT)の場合,最小記録磁場bは0.01μT(10nT)以下が求められるため,解説表4.1で網掛けした最小記録磁場に対応する磁場計測器とデータ記録装置の組合せは,本規準での要求スペックを満たさない.

なお,実際には,データ記録装置の内部処理の関係上,分割数(2^f)は計算上の値より少なくなることがあるため,装置の仕様を確認して最小記録磁場を求める必要がある.

4.2.3 その他の仕様

> データ記録装置のチャンネル数,サンプリング速度,記録容量は,磁場計測のデータをディジタル記録するに際して十分な仕様・性能を有するものを選定する.
>
> 記録フォーマットの形式は問わないが,後にコンピュータで処理できるものでなければならない.最終的には,txt形式またはcsv形式に変換してデータ処理することが多い.

4.3 その他の機器
4.3.1 センサスタンド

> センサスタンドには，磁性体を用いてはならない．さらに交流磁場の計測においては，導体の使用もできるだけ控える．部分的に磁性体や導体（交流磁場計測の場合）が用いられているスタンドを使う場合は，当該箇所からセンサを 200mm 以上離して設置する．

　磁場計測器のセンサは，地面（床面）から所定の高さに設置する必要がある．そのため，これを保持するセンサスタンドが必要となる．

　センサスタンドとしては，専用センサスタンド（塩ビ製など）を使用するのが望ましいが，カメラ用三脚などを代用してもよい〔解説写真 4.1〕．この場合，アルミニウム製などの非磁性のもの，さらに交流磁場の計測においては，渦電流の影響をさけるため，樹脂製，木製などの非磁性かつ非導電性のものを使用する．部分的にカメラネジなどの磁性体金具が用いられている場合，または交流磁場計測でアルミ製三脚を使う場合は，少なくともセンサ保持部は非金属とし，当該箇所からセンサを 200mm 以上離して設置する．

　屋外においては，風や自動車などの通過による振動によってセンサが揺れ，擬似的な変動磁場が観測される可能性があるため，センサスタンドはある程度の重量や剛性が必要となる．

(a) 専用センサスタンド（塩ビ製）　　(b) カメラ用三脚の代用

解説写真 4.1 センサスタンド

4.3.2 供給電源

> 計測機器に供給する電源電圧は，交流 100V（実効値）とし，その電圧の確度は ±5% とする．電源周波数は，50Hz（東日本）または 60Hz（西日本）とし，その周波数の確度は ±2% とする．これ以外にも，使用機器の要求仕様を確認しておかなければならない．

4.4 機器の校正

> 計測結果の信頼性は，用いる機器の精度に依存するため，定期的に適切な機関で校正を受ける必要がある．磁場計測器については，次の校正までの期間内であっても，一定期間で社内校正を実施する．

4.4.1 公的機関の校正

> 計測依頼主の求めに応じ，正しい計測手順と計測機器の校正を証明して，計測結果の信頼性を示さなければならない．そのため校正は，国家標準までトレースできることが求められる．
>
> 校正は，公的機関だけでなく，国家標準からトレースされた標準器をもつ計測機器メーカなどに依頼してもよい．校正を受けた際には，以下の書類を校正機関から受領する．
> ・校正証明書
> ・トレーサビリティ証明書・体系図
> ・試験成績書

解説図 4.2 に校正体系の例を示す．現在（本規準作成時），磁気に関する国家標準はないが，日本電気計器検定所が産業技術総合研究所の周波数標準を用いて組立標準を作成しており，これが国家標準扱いとなっている．

校正の流れは，解説図 4.3 の例に示すようになっており，計測機器メーカなどでは，日本電気計器検定所や国際標準にトレーサビリティが確立されている校正機関で校正されたマルチメータ，精密電流発生器，ヘルムホルツコイルなどを用いて磁場計測器の校正を行っている．なお，特定二次標準器は，JIS Q 17025：2005（ISO/IEC 17025：2005）[2] に基づく認定を取得すれば，一般業者（例えば，計測機器メーカ）でも扱うことができる．

ここで，校正とは国家標準とのずれを測ることである．そして，ユーザ（計測器メーカも含む．）は管理基準を作成し，ずれがその基準以内であるか否かを判断する．基準から外れている場合には調整，または補正して使う．磁場計測器の校正には，標準磁場発生装置と標準磁場発生用コイルを用い，感度・零点・直線性などの検査を行うが，通常，校正には調整は含まれない．調整が必要な場合は，計測機器メーカに依頼することになる．

校正を終了した時点で，校正証明書，トレーサビリティ証明書・体系図，試験成績書を受領するとともに，機器本体に最終校正日を記載したシールを貼付する．

試験成績書は，校正時の検査結果を示すものであるが，計測機器メーカに依頼して調整を行った場合は，調整前後の試験成績書を要求することを推奨する．

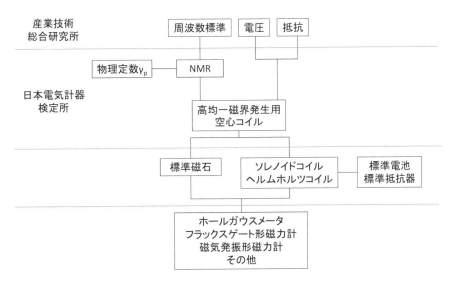

解説図 4.2 校正体系の例

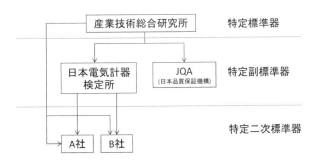

解説図 4.3 校正の流れの例

4.4.2 校 正 期 間

> 校正期間は，12か月を目安とする．

校正を実施する期間は，それぞれの会社の規定によるが，JIS C 1910：2004[3]において12か月が目安とされている．本規準においてもこれを推奨する．

4.4.3 社 内 校 正

> 校正期間が12か月と規定されている場合，校正時に大きなずれが認められたときは，過去12か月にわたり遡って信頼性が疑われることになる．したがって，自社内部において一定期間で社内校正を実施することが必要である．

定期的に社内校正を実施しておれば，公的機関の校正でずれが発見された場合でも，前回の校正日から社内校正で合格となった日までの間は，計測結果についての信頼性を主張することができる．

理想的には，磁場計測器を使用する前に必ず社内で校正確認するのが望ましい．

参考1　磁場計測システムの例

解説写真 4.2 および解説表 4.2 に磁場計測システムの例を示す．3 軸プローブによりセンシングされた磁場は，専用ケーブルにより電気信号として磁場計測器に入力される．磁場計測器の出力端子からは，成分ごとに磁場の大きさに応じたアナログ電圧信号が出力される．この電圧信号をデータ記録装置で A/D 変換してディジタルデータとして保存する．このデータは，コンピュータにて処理を行う．

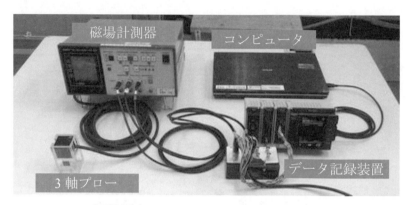

解説写真 4.2　磁場計測システムの例

解説表 4.2　磁場計測システムの例

機器名称	仕様
磁場計測器 FM-3500 （M 社）	磁気検出方式：平行フラックスゲート
	有効計測範囲（直流磁場）：±1/±10/±100μT 切換
	有効計測範囲（交流磁場）：0～1/10/100μT 切換（0-P 値）
	最高分解能：0.5nT
	周波数特性：DC～1kHz
	直流磁場の直線性：誤差±0.5% of F.S.
	交流磁場の直線性：誤差±1.0% of F.S.
	モニタ端子出力電圧：±10V F.S.
	レコーダ DC 端子出力電圧：±10V F.S.
	レコーダ AC 端子出力電圧：10V F.S.
データ記録装置 NR-600 （K 社）	本体バッファメモリ容量：25MB
	拡張メモリ：専用 CF カード 1GB
	PC インターフェース：USB2.0
	連続収集速度：最大 100kHz/ 収集チャンネル数
	A/D 分解能：14bit（NR-HA08 アナログユニット）
	チャンネル数：シングルエンド 8ch，差動 4ch

本規準では，電車線路に流れる電流に起因する磁場を主な対象として，計測の周波数帯域をDC～500Hz程度と設定している．よって，磁場計測器は当該帯域をカバーしたものとなるが，一方で2.1の解説に記述したように，鉄道車両の内・外部には数kHz程度までの磁場が存在している．このような磁場の影響評価が求められ，かつ電車線路の近傍で計測を行う場合，前述の磁場計測システムでは対応できない．

　ここでは，鉄道車両の計測で用いられているDC～20kHzの周波数帯域に対応する磁場計測器を紹介する〔解説写真4.3，解説表4.3〕．

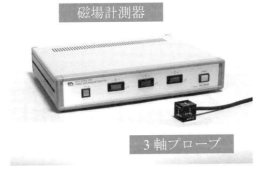

解説写真 4.3　磁場計測器（DC～20kHzに対応）

解説表 4.3　磁場計測器（DC～20kHzに対応）

機器名称	仕様
磁場計測器 WL2024A （H社）	磁気検出方式：磁気発振方式（フラックスゲート方式の一種） 有効計測範囲（直流磁場）：0～±1 000μT 有効計測範囲（交流磁場）：0～1 000μT（0-P値） 最高分解能：0.01μT 周波数特性：DC～50kHz 直流磁場の直線性：誤差±3% of F.S. 交流磁場の直線性：誤差±3% of F.S. 出力電圧：±10V F.S.

参考2 社内校正における標準磁場発生装置の例

社内校正を行う場合，正確に標準磁場を発生させることが重要である．ここでは，参考として標準磁場発生装置の例を示す．

解説図4.4に標準磁場発生装置の機器構成を示す．信号発生器から精密アンプ（必要な場合）を介して磁場発生コイルに電流を与えるもので，コイル電流を監視するためシャント抵抗，マルチメータ，またはオシロスコープを用いる（いずれも校正済みのものを使用）．

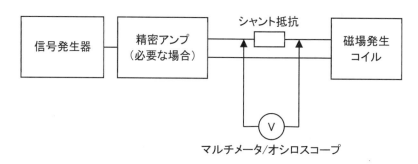

解説図4.4 標準磁場発生装置の機器構成

磁場発生コイルとしては，ヘルムホルツコイルが一般的であるが，この例では広い空間で均一な磁場を発生させるためにメリット型4重コイルを用いている．正方形コイルの辺長をaとすると，4つのコイルの位置関係およびコイルの巻き数比は，以下のとおりとなる．

　　　コイルの位置関係　　±0.5055a　　±0.1281a
　　　コイルの巻き数比　　26：11：11：26

解説図4.5に標準磁場発生コイルの例を示す．ここで，発生磁場の方向はコイル面を垂直に貫く方向であり，解説図4.6に示す空間内で±5％以内の均一な磁場を発生させることができる．

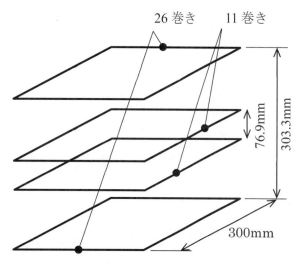

解説図4.5 標準磁場発生コイルの例

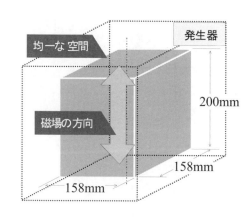

解説図4.6 コイル内部の均一な空間

解説図4.7に示すグラフは，標準磁場発生コイルに与える電流値を変化させたときの，内部発生磁場の変化を校正済みの計測器によって計測した結果である．これは，交流55Hz（電源周波数である50Hzと60Hzの中間周波数）の電流を与えて交流磁場を計測した結果であるが，直流電流を与えた場合も同様の結果となっている．

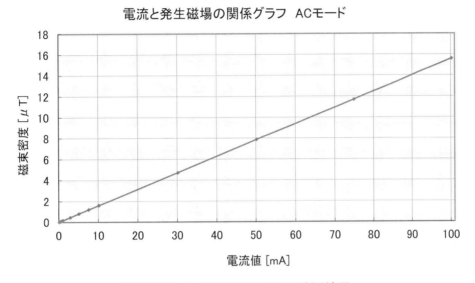

解説図 4.7　内部発生磁場の計測結果

参 考 文 献

1) 日本建築学会：AIJES-E0001-2011 環境磁場の計測方法に関する運用規準・同解説，2011
2) 日本規格協会：JIS Q 17025:2005（ISO/IEC 17025:2005）試験所及び校正機関の能力に関する一般要求事項，2005
3) 日本規格協会：JIS C 1910:2004（IEC 61786:1998）人体ばく露を考慮した低周波磁界及び電界の測定－測定器の特別要求事項及び測定の手引き，2004

5章 計測方法
5.1 計測の計画

磁場計測を行う場合には，事前に計測計画を立案する必要がある．そのために，まずは計測計画に必要な情報を収集・整理する．それに基づき，計測範囲，計測点数，計測高さ，および計測時間を決定する．そして，それらを記述した計測計画書を作成する．

5.1.1 計測計画に必要な情報の収集・整理

計測計画を立案する前に，計測の目的，防護対象機器の磁場許容値，電車線路からの磁場レベルの予測，電車線路以外の磁場発生源，現地の状況といった情報を収集し，整理しておく．

(1) 計測の目的

どのような電車［種類（直流式，交流式），集電方式（架空電車線，第三軌条），線路本数（単線，複線，複々線），線路高さ（地上，高架，地下）］を対象として，何に対しての影響を評価するために，いつ，どの場所で計測し，何を明らかにするのかを整理する．

(2) 防護対象機器の磁場許容値

防護対象機器の磁場許容値を装置メーカから公表される設置環境基準などから調べる．

(3) 電車線路からの磁場レベルの予測

電車線路からの磁場レベルを計算や計測例などに基づき予測する．これにより，計測範囲と計測点数を決定することができる．

解説図5.1にビオ・サバールの法則による磁場の計算例，解説図5.2に磁場の計測例を示す．

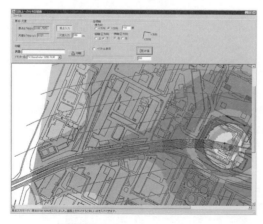 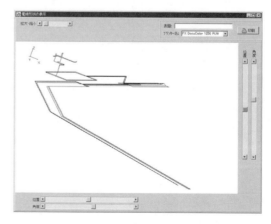

解説図 5.1 ビオ・サバールの法則による電車線からの発生磁場の計算例

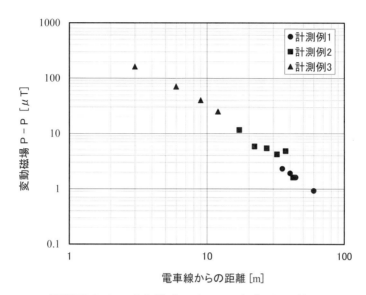

解説図 5.2 電車線路からの発生磁場の計測例

(4) 電車線路以外の磁場発生源

> 電車線路以外にも，屋外では自動車や送電線など，屋内ではエレベータや電気設備などが磁場発生源となる．これらが計測場所の近くに存在する場合，どちらの方向に，どれだけ離れているのかを確認しておく．

計測場所の近くに電車線路以外の磁場発生源がある場合，計測結果はこれらが重畳されたものとなる．防護対象機器に対しては，重畳された結果としての環境磁気ノイズ（変動磁場）が影響を及ぼすことになるが，計測・評価においては，それぞれを分離して行うことが望ましい．あらかじめ電車線路以外の磁場発生源の情報を確認することにより，何から発生している磁場を計測しているのかを判断でき，電車線路に起因する磁場を分離して評価するのに役立つ．

なお，計測の際，エレベータなど運行を制御できるものは，一時的に運行を停止するなどして，その影響を取り除くことが望ましい．

(5) 現地の状況

> 磁場計測を行う前に，計測を行う場所の情報を入手する．可能であれば，事前に現地に行って確認するのが望ましい．遠方の場合には，現地の写真や図面などで確認を行う．

確認すべき情報と，それに基づいて計測計画に反映すべき事項を以下に記す．

a) 屋外計測／屋内計測の確認
- 屋外計測の場合には，天気予報を参考として計測日を決定する．また，雨天となった場合の予備日も設定する．

- 実施中に降雨となった場合の対応方法を事前に決めておく．
- 道路上で計測する場合には，所轄警察署に道路使用許可申請を行い，場合によっては誘導員や表示灯などを準備する．

b）磁場計測器などへの電源の供給方法
- コンセントの位置を確認する．屋外では，インバータ発電機などを用意する．
- 屋外において，照明灯など電力の大きいものを使用する場合，発電機の容量は，電圧が安定する十分に大きいものとする．
- 発電機は，環境磁気ノイズ（変動磁場）の発生源でもあるため，センサから 10m 以上離す．

c）計測場所の地面の状況
- 屋外の場合，舗装されているのか，台車で移動できるのかなどを確認する．

d）事前計測の実施
- 可能であれば，ハンディ型の磁場計測器を使用して簡易計測を行い，おおよその磁場レベルを把握しておけば，磁場計測器の選定に有益である．

5.1.2 計測範囲などの決定

> 収集・整理した情報に基づき，計測をする場所の範囲と計測点数，計測高さを決定する．多点での計測の場合，同時刻性に注意する必要がある．

（1）計測範囲と計測点数

> 計測の目的，磁場の分布状況（予測値），および現地の状況に基づき，計測範囲を設定し，計測を点，線，面，空間のどの次元で行うのかを決定する．そして，計測点の間隔を設定し，計測点数を決定する．

計測の次元については，点→線→面→空間の順に計測点数が多くなり，計測に要する時間も増える．以下にそれぞれの概要を記す．

a）点の次元での計測
- 防護対象機器の設置位置など，評価箇所が特定されている場合には，1点～数点においてだけ計測を行う．

b）線の次元での計測
- 電車線路からどの程度の距離まで離れたら，防護対象機器に障害が出ないのかなどを調査する場合には，電車線路から距離を離しながら計測点を設ける．距離減衰の近似曲線を求めるには，3か所以上の計測点が必要となる．
- 計測点間の距離は，5m～10m 程度とすることが多いが，磁場の距離減衰の程度により決定する．

c）面の次元での計測
- 屋内や屋外での磁場分布を計測する．計測場所をグリッド状に区切り，グリッドの格

子点で計測する．
- 面内での磁場変化を把握するのに十分細かくグリッドを設定する必要がある．
- 屋内では2m～3m程度，屋外では5m～10m程度の間隔とすることが多いが，磁場分布の状況により決定する．

d）空間の次元での計測
- 空間での磁場分布を把握したい場合には，面の次元の計測を複数の高さで行う．

（2）計測高さ

> 計測の目的，磁場の分布状況（予測値），および現地の状況に基づき，計測をどの高さで行うのかを決定する．

一般的に設定される計測高さを以下に示す．

a）屋外における計測
- 通常，GL + 1m にて計測を行うことが多い．
- 防護対象機器の設置高さなど，特定の高さでの計測が求められた場合は，それに従う．

b）屋内における計測
- 防護対象機器に応じて適切な高さを選択する．通常，次に示す高さで計測を行う．
　　TEM：試料ステージまたは電子レンズ高さなど
　　SEM：床面から 1.2m
　　MRI：ボアのセンタ高さ（1m 程度）

（3）計測の同時刻性

> 多点で計測する場合，計測の同時刻性に注意する必要がある．理想的には全ての計測点に計測機器（センサ）を設置して同時に計測を行うことが望ましいが，難しい場合には定点での連続計測と移動点計測による定点補正を行い，同時刻性を考慮する．

電気鉄道周辺における変動磁場の大きさは，時間とともに変化する．したがって，前述した線，面，空間の次元での計測の場合，計測の同時刻性という観点から，理想的には全ての計測位置に計測機器（センサ）を設置して，同時に計測を行うことが望ましい．

しかし，現実的には難しいので計測機器を移動しながら計測（移動点計測）を行うことが多い．この場合，発生源の状況をモニタリングする定点を設定し，その位置で連続計測を行い，その変化量に基づき，他の計測点での磁場の補正を行う．これを定点補正という．発生源をモニタリングするものとしては，電車線路への供給電流値（き電の総合電流）も使えるが〔解説図5.3〕，計測地点が変電所から離れた場合などでは注意が必要である．

磁場の発生源が単純なケースであれば，定点補正が有効である．定点補正が実際に有効かどうか，定点と計測点での磁場計測結果の相関性を調べることが望ましい．

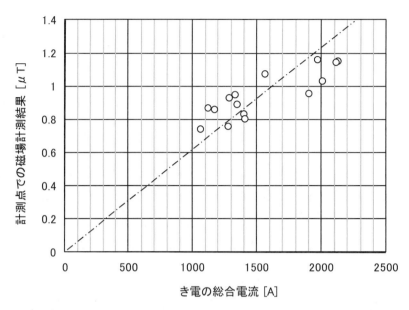

解説図5.3 き電電流と計測点での磁場計測結果の相関例

5.1.3 計測時間の決定

> 電車線路から発生する磁場は，電車の運行状況，つまり時間帯によって変化する．したがって，計測計画においては，一つの位置における計測時間の長さ，および計測する時間帯を適切に決める必要がある．

計測時間（長さ・時間帯）と合わせて，5.1.2（1）に示す計測範囲と計測点数が決まれば，計測のスケジュールを決定できる．

（1）計測時間の長さ

> 電車線路から発生する磁場は，電車の運行状況に伴うき電線への電流供給，電車の加・減速の状況などにより変化するため，適切に計測時間の長さを設定する必要がある．通常，1か所において10分～60分程度とするが，単線の場合には上下線1本ずつ，複線・複々線の場合には計測地点に近い側の線路に最低でも2本の電車が通過する時間とする．

電車線路から発生する磁場は，様々な条件の組合せにより，多様に変化する．そのため，変動磁場の最大値を計測で求めるには，適切に計測時間の長さを設定する必要がある．都市部においては，電車の運行間隔が短いため，比較的短時間でも問題ないが，ローカル線においては，電車の運行間隔が長いため，ある程度長時間の計測が必要となる．通常，計測時間の長さは，1か所において10分～60分程度とするが，電車の運行間隔が長い場合は，複数本での評価を前提として，単線では上下線1本ずつ，複線・複々線では計測地点に近い側の線路に最低でも2本の電車が通過する時間とする．

(2) 計測する時間帯

> 計測は，平日の朝のラッシュ時間帯または夕方のラッシュ時間帯に行うのを基本とするが，妥当性が示されれば，他の時間帯で実施してもよい．

一般的に電車の運行本数が多いほど，発生磁場は大きくなる．運行本数が多い時間帯は，通常，平日の朝の通勤時間帯と夕方の帰宅時間帯の2回ある．それぞれにおいて，通過本数が最大となる瞬間から前後1時間を各々，朝のラッシュ時間帯，夕方のラッシュ時間帯とする．磁場計測は，この時間帯において行うのを基本とする．

また，計測を行う時間帯を決定するために，事前に電車の運行状況を把握しておく必要がある．例えば，(1)で決めた計測時間の間に通過する電車本数を電車時刻表により調べ，解説図5.4のようにまとめておくと，計測する時間帯の妥当性が評価できる．同図では，朝のラッシュ時間帯を7時30分から9時30分，夕方のラッシュ時間帯を17時から19時と設定しているが，これは路線によって異なる．朝および夕方のラッシュ時間帯と同等の本数が見込めるのであれば，他の時間帯で実施してもよい．

なお，電車の運行本数が多い時間帯でも，回生電流の流れ方次第では，必ずしも磁場が大きくなるとは限らない．また，複線の上・下線で，き電線およびレールに流れる電流が逆方向となると，見掛け上の磁場は小さくなる．特に，磁場の変動量（相対値）は，様々な条件の組合せにより，多様に変化する．ただし，多くの場合，ラッシュ時間帯など電車の運行本数が多い時間帯に変動磁場が最大値となることが経験上示されており，本規準では平日の朝のラッシュ時間帯または夕方のラッシュ時間帯に計測を行うことを基本とする．

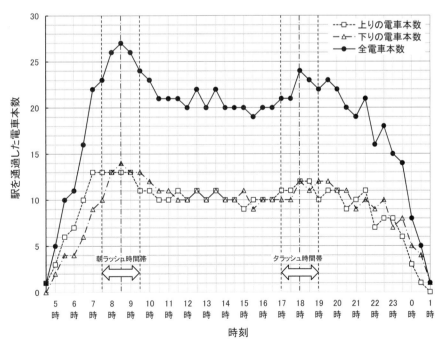

解説図5.4 計測時間単位の通過電車本数（一例）

5.1.4 計測計画書の作成

計測計画書には，計測目的，計測概要，計測機器，計測方法，および計測環境に関する具体的な内容を記述する．

(1) 計 測 目 的

計測の対象と目的を簡潔に記述する．

(2) 計 測 概 要

①計測日時（〇年〇月〇日　〇時～〇時）
②計測対象［電車線路名，種類（直流式，交流式），集電方式（架空電車線，第三軌条），線路本数（単線，複線，複々線），線路高さ（地上，高架，地下）］
③計測場所（住所，建物名および部屋名）
④計測者（会社名，担当者）

(3) 計 測 機 器

①磁場計測器
・センサ方式，メーカ名，型番，シリアル No.，校正日
・計測モード，計測レンジ，周波数帯域，ローパスフィルタ（LPF）の設定など
②データ記録装置
・メーカ名，型番，シリアル No.，校正日
・サンプリング周波数，分解能（bit 数）など
③計測システム構成図

(4) 計 測 方 法

①計測ポイント図，センサ方向の座標系，方位
②計測高さ
③1か所あたりの計測時間の長さ
④計測作業のスケジュール

(5) 計 測 環 境

①電車線路（磁場発生源）の情報
・計測場所と電車線路との位置関係
（周辺に電車線路が複数ある場合は，それぞれ別個に記述．）
②電車線路以外の磁場発生源の情報
・幹線道路，送電線，エレベータなどとの位置関係
・電気設備などの稼働状況

5.2 計測の準備

現場に行く前に，計測機器の事前確認を行う．そして現場においては，計測場所の確認，計測機器の準備，計測位置のマーキングを行う．

5.2.1 計測機器の事前確認

現場への移動に先立って，事前に現場計測の模擬を行い，使用する磁場計測器やデータ記録装置の動作を確認する．

5.2.2 計測場所の確認

現場に着いたら，計測場所の状況，電車線路以外に磁場発生源がないか，屋内の場合には電気設備などの稼働状況について確認を行う．

5.2.3 計測機器の準備

磁場計測器のセンサをセンサスタンドにセットし，磁場計測器のウォーミングアップを行う．また，データ記録装置の準備も行う．

(1) 磁場計測器のセンサのセット

水準器などを利用して，磁場計測器のセンサを正しい角度でセンサスタンドにセットする．緩みなく長時間センサを規定角度で保持し，振動や風の影響で容易に揺れないように固定する．カメラ用三脚などを利用する場合には，少なくともセンサ保持部は非金属とし，三脚の金属部の影響を受けないように三脚から200mm以上離す．

(2) 磁場計測器のウォームアップ

電源を入れた直後は，磁場計測器が安定していないので，磁場計測器のマニュアルに記載された時間，ウォームアップを行った後，計測を開始する．また，ドリフトがないかなど，指示値が安定していることも確認する．

(3) データ記録装置の準備

データ記録装置の日付および時刻を確認し，必要があれば修正を行う．また，十分な容量の記録媒体を用意し，装置にセットしておく．

5.2.4 計測位置のマーキング
(1) 計 測 位 置

> 計測計画書に基づき，計測位置のマーキングを行う．非磁性のメジャーを仮設するか，計測位置にマーカ（テープなど）を設置する．近くにRC壁などがある場合には，中の鉄筋が着磁している可能性があるので2m以上離し，その旨明記する．

(2) 計 測 方 向

> 計測規模をもとに，計測方向を決めてセンサ方向を設定する．複数の計測ポイントがある場合には，共通の座標軸およびセンサ方向とし，それらを記録する．何らかの理由でセンサ方向を変える場合には，その旨明記する．

計測方向の設定例を以下に記す．

a) 防護対象機器の配置を基準とする場合

屋内において，防護対象機器（電子顕微鏡，NMR/MRIなど）の周辺で計測する場合には，その機器の設置方向を基準とする．機器によっては，耐磁性に方向性があるので，設置方向が明確な場合には合理的である．機器がまだ配置されていない場合でも，部屋の壁面に平行に設置される場合が多いので，部屋の壁面の方向を基準としておけば無難である．

　［例1］防護対象機器の正面より見て左右方向をX軸，奥行き方向をY軸，鉛直方向をZ軸

b) 電車線路の方向を基準とする場合

屋外において，電車線路が見える範囲で計測する場合には，電車線路を基準にして計測方向を決める．例2のように計測方向を決めた場合，電車のき電線やレールからは，X方向の磁場は発生しない．X方向の磁場が観測された場合，電車線路とは別の要因が考えられる．例えば，自動車，送・配電線，別の電車線路などである．さらに，電車線路近傍では，鉄道車両から放射された磁場，または鉄道車両を構成する磁性体（貨物列車では積載物なども含む）の移動に伴い，地磁気が乱されて低周波の変動磁場が観測された可能性もある．したがって，このような計測方向とすることは，磁場発生源を分析するうえで有効である．

　［例2］線路と平行な方向をX軸，線路と直角な方向をY軸，鉛直方向をZ軸

c) 東西南北方向を基準とする場合

屋外において，非常に広範囲の磁場計測を行う場合，方位磁針などで方位を確認し，東西南北方向にセンサをセットすることがある．

　［例3］東西方向をX軸，南北方向をY軸，鉛直方向をZ軸

5.3 計測の手順

> 直流磁場変動の計測,交流磁場変動の実効値計測,交流磁場変動の瞬時値計測に対応した適切な手順で計測を行う.

計測機器の準備が完了し,異常がないことを確認したうえで,以下の手順に従って計測を開始する.

なお,本手順は標準的なものであり,現場ごとの特殊性を加味して適宜変更してもよい.

5.3.1 直流磁場変動の計測

> 直流式電車を対象とした磁場計測の標準的な手順を記す.
> ①計測モードの選択ができる磁場計測器(フラックスゲート方式)では,計測モードを直流磁場(DC)モードにし,適切な計測レンジを選択する.計測モードの選択がない磁場計測器(フラックスゲート方式)では,適切な計測レンジのみ選択する.計測レンジは,データの確認および評価時のミスを避けるため,3軸とも同じにすることが望ましい.
> ②地磁気などの背景磁場をキャンセルする機能をもつ磁場計測器では,背景磁場をキャンセル(オフセット)してダイナミックレンジを絞ると,S/N比が向上する.ただし,絞りすぎると計測中に予想以上の磁場変動が生じた場合,レンジオーバして正しい計測結果が得られないことがあるので注意が必要である.
> ③磁場計測器の出力端子(レコーダDC出力,モニタ出力またはOUTPUT)とデータ記録装置の入力端子をケーブルで正しく結線する(出力端子が複数ある場合,正しい端子を確認する).
> ④磁場計測器またはデータ記録装置のフィルタ(LPF)を利用する場合には,数Hz以下が正しく計測できる設定を行う.
> ⑤データ記録装置の入力フルスケールおよびサンプリング周波数を適切に設定し,直流磁場変動を所定の時間,記録する(定点補正を行う場合,定点の計測は全ての移動点の計測が終了するまで連続して記録する).
> ⑥計測中または終了後に波形を確認し,レンジオーバすることなく正しく記録できていることを確認する.また,記録媒体にデータがセーブされていることを確認する.

計測モードの選択ができる磁場計測器(フラックスゲート方式)では,計測モードを直流磁場(DC)モードにすると,DC～20Hz程度の周波数帯域に対応できる.

背景磁場のキャンセルは,線路磁場が時々刻々と変化しているので,暫く波形を観測したうえで,比較的安定している瞬間をゼロに合わせるとよい.

5.3.2 交流磁場変動の実効値計測

交流式電車を対象とした磁場計測の標準的な手順を記す．長時間の瞬時値計測では，データ量が膨大となるため，実効値（真の実効値）計測を基本とする．

① 計測モードの選択ができる磁場計測器（フラックスゲート方式）では，計測モードを交流磁場（AC）モードにし，適切な計測レンジを選択する．交流磁場専用の磁場計測器（サーチコイル方式）では，適切な計測レンジのみ選択する．計測レンジは，データの確認および評価時のミスを避けるため，3軸とも同じにすることが望ましい．

② 磁場計測器の出力端子（レコーダAC出力）とデータ記録装置の入力端子をケーブルで正しく結線する（出力端子が複数ある場合，正しい端子を確認する）．

③ 磁場計測器またはデータ記録装置のフィルタ（LPF）を利用する場合には，対象となる周波数（例えば，50Hz/60Hz）が正しく計測できる設定を行う．

④ データ記録装置の入力フルスケールおよびサンプリング周波数を適切に設定し，交流磁場の実効値（真の実効値）を所定の時間，記録する（定点補正を行う場合，定点の計測は全ての移動点の計測が終了するまで連続して記録する）．

⑤ 計測中または終了後に波形を確認し，レンジオーバすることなく正しく記録できていることを確認する．また，記録媒体にデータがセーブされていることを確認する．

計測モードの選択ができる磁場計測器（フラックスゲート方式）では，計測モードを交流磁場（AC）モードにすると，数10Hz～500Hz（または1 000Hz）の周波数帯域に対応できる．

5.3.3 交流磁場変動の瞬時値計測

交流式電車を対象として交流磁場変動の真の最大値（P-P値）を求める場合，交流磁場変動の瞬時値計測を行う．

① 計測モードの選択ができる磁場計測器（フラックスゲート方式）では，計測モードを交流磁場（AC）モードにし，適切な計測レンジを選択する．計測モードの選択がない磁場計測器（フラックスゲート方式）または交流磁場専用の磁場計測器（サーチコイル方式）では，適切な計測レンジのみ選択する．計測レンジは，データの確認および評価時のミスを避けるため，3軸とも同じにすることが望ましい．

② 磁場計測器の出力端子（モニタ出力，OUTPUT）とデータ記録装置の入力端子をケーブルで正しく結線する（出力端子が複数ある場合，正しい端子を確認する）．

③ 磁場計測器またはデータ記録装置のフィルタ（LPF）を利用する場合には，対象となる周波数（例えば，50Hz/60Hz）が正しく計測できる設定を行う．

④ データ記録装置の入力フルスケールとサンプリング周波数を適切に設定し，交流磁場の瞬時値を所定の時間，記録する．

⑤ 計測中または終了後に波形を確認し，レンジオーバすることなく正しく記録できていることを確認する．また，記録媒体にデータがセーブされていることを確認する．

5.4 データの記録

> ・計測データの記録に際しては，適切なサンプリング周波数を設定する．
> ・磁場計測器の出力信号に含まれるノイズを低減するため，ノイズ除去処理を適宜行う．
> ・計測の際に，その他必要事項を記録しておく．

5.4.1 サンプリング周波数

> 直流式電車，交流式電車，それぞれに対して，以下のサンプリング周波数を推奨する．
>
> 直流式電車　　　　　　　　10Hz 以上（100Hz 以上*）
>
> 交流式電車　実効値計測：10Hz 以上（100Hz 以上*）
>
> 　　　　　　瞬時値計測：5 000Hz 以上
>
> ＊：6.1.1 のノイズ除去処理を実行する場合

　線路磁場のように不規則に変動する磁場を計測する際には，サンプリング周波数が適切でないと，計測データの振幅のピーク値に取り損ないが生じる可能性がある．直流式電車，交流式電車，それぞれに対するサンプリング周波数の推奨値の根拠を以下に記す．

　直流式電車では，直流磁場の緩やかな変動（数Hz程度以下）が観測される．したがって，サンプリング周波数は10Hz以上あれば十分である．ただし，6.1.1で述べているように，ディジタル処理として単純移動平均法によるノイズ除去処理を適用する場合は，サンプリング周波数は100Hz以上が必要となる．

　交流式電車では，交流磁場（50Hz/60Hz）の大きさの変動が観測される．これを実効値計測する場合は，実効値データで捉えれば緩やかな変動（直流式電車よりもさらに緩やかな変動）と見なされるため，サンプリング周波数は直流式電車と同様でよい．一方，瞬時値計測では，高調波成分も含めて500Hz程度までを計測する必要があり，波形データを正確に捉えるには，1波長あたりのサンプリング数が重要となってくる．60Hzを基本波とすると，第3高調波は180Hz，第5高調波は300Hz，第7高調波は420Hzであり，サンプリング周波数を5 000Hzとした場合，1波長あたりのサンプリング数は，それぞれ27.8，16.7，11.9となり，おおむね精度は確保できる．

5.4.2 ノイズ除去処理

> 　磁場計測器の出力信号に含まれるノイズは，計測データの評価を行うに際し，大きな誤差要因となる可能性があるため，ローパスフィルタ（LPF）の利用，電源ノイズの除去，接地の強化などの方法を用いてノイズ除去処理を適宜行う．

　ノイズ除去処理については，6章でも評価時点で行う方法を紹介しているが，あくまで計測時に実施することが基本である．計測データにノイズを混在させないことにより，評価においてデータの信頼性が高まる．

5.4.3 その他の記録すべき情報

> その他の情報として，計測年月日，天候，計測所在地，周辺状況，計測点，計測方向，計測機器の設定条件，電車の通過情報，例外データの情報を記録しておく．

データ解析や評価に支障をきたさないように，計測の際に記録しておくべき事項を以下に記す．

a) 計測年月日，天候など
- 日付，曜日（平日ダイヤ，休日ダイヤ），時刻，天候，気温など

b) 計測所在地，周辺状況（図面，記録写真）
- 周辺建物環境，電車線路以外の磁場発生源の有無

c) 計測点
- 軌道・き電線・トロリ線との距離，高さ関係

d) 計測方向
- センサの3軸方向の電車線路に対する設定方向

e) 計測機器の設定条件

＜磁場計測器＞
- 機種名
- 計測レンジ，入力フルスケール，計測モード（DC・ACモード）
- 分解能
- 周波数帯域
- 表示方式（波高値，実効値）

＜データ記録装置＞
- 機種名
- サンプリング周波数
- 入力フルスケール
- 分解能（bit数）
- フィルタ（LPF）の有無
- ノイズ除去方法

f) 電車の通過情報
- 電車が何時どの方向（上り・下り）に通過

g) 例外データの情報
- 計測時に近くに自動車が接近していた
- 風によってセンサが揺れていた，など

6章　評価方法
6.1　データ処理

> 計測データは，ディジタル処理により下記の手順に従って処理する．評価の目的・種類・精度などにより，不要と判断される処理は実施しなくてもよい．
> 　①計測データに含まれるノイズの除去処理
> 　②評価に必要なデータ領域の抽出処理
> 　③2軸または3軸合成処理
> 　④複数地点計測における未計測データの定点補正処理

6.1.1　ノイズ除去処理

> 　ノイズ除去は，計測時に実施することを基本とするが，計測データに問題となるレベル（最小計測値の1/10，通常10nT）以上のノイズが含まれていると考えられる場合は，前処理としてディジタル処理によりノイズ除去処理を行う．
> 　直流磁場変動を対象にした場合，ノイズ除去処理として例えば下記の方法を用いる．
> ・方法：単純移動平均法（式6.1）
> ・サンプリング周波数：100Hz以上
> ・移動平均に用いるバンド幅：5以上（11以上推奨）
>
> $$y(i) = \frac{1}{2m+1}[x(i-m) + x(i-m+1) + \cdots + x(i) + \cdots + x(i+m-1) + x(i+m)] \quad （式6.1）$$
>
> ここで，$x()$，$y()$はそれぞれ入力（計測）データ，ノイズ除去後の平滑データとし，$2m+1$はバンド幅，iはサンプリング後の離散時間変数（$i=1, 2, 3, \cdots$）を表す．ノイズ除去を繰り返すことで多くのノイズを除去できるが，信号波形（鉄道起因の磁場変動成分）自体が歪まないように注意する必要がある．また，単純移動平均法によるノイズ除去処理と同時，または処理後にデータの数を1/10に間引き（サンプリング周波数100Hzの場合，10Hz相当）すれば，以降のデータ処理の計算量を軽減化できる．
> 　交流磁場変動を対象にする場合も，実効値（真の実効値）計測を前提とする限りは，直流磁場変動と同様の手法を用いることができる．
> 　なお，単純移動平均法以外でも，実験などにより有効性が確認されるのであれば，ノイズ除去処理に用いてもよい．

　本規準では，計測結果をアナログ評価（紙などに出力されたデータを人間の目で評価すること.）するのではなく，ディジタル評価することを基本とする．ディジタル評価では，計測データを全てコンピュータで処理することとなる．したがって，計測データに混在するノイズ（雑音）は処理精度の不良に繋がる．そのため，求められる処理精度と比べてノイズが大きい場合，ノイズ除去処理が必要となる．なお，ここでいうノイズとは，鉄道起因の磁場変動成分と比較して，高い周波数帯の信号成分全般をいう．

ノイズ除去の基本は，計測時に行うことである．5.4.2 に示すように，ローパスフィルタの利用，電源ノイズの除去，接地の強化などの方法を用いてノイズの低減化を図る必要がある．しかしながら，磁場計測器から出力されるアナログ電圧信号には，各種要因により様々なノイズが乗っている．さらには，A/D 変換およびデータ記録装置への記録に際してもノイズが乗ることが予想される．このようなノイズは，磁束密度に換算して数 nT 程度（例えば，最小計測値が 30nT の場合，分解能は 3nT）であれば特に問題とならないが，数 10nT，さらには 100nT 超となる場合もあり，そのままデータ処理を行うと大きな誤差要因となる．

そこで，計測データに含まれるノイズが問題となるレベル（最小計測値の 1/10, 通常 10nT）以上と考えられる場合には，前処理としてノイズ除去処理を行う必要がある．これにより，ノイズを問題となるレベル以下に抑え，データの平滑化を図ることができる．

平滑化のための処理方法として，例えば信号処理で用いられる移動平均法がある．これは，中心の信号とその前後 m 個の信号に重みを掛けて加算し，平滑化するものである．重みの掛け方により，単純移動平均法，多項式適合法，適応化平滑化法などがあるが，ここでは表計算ソフトを用いて簡易に実行できる単純移動平均法（式 6.1）を取り上げる．

この方法では，バンド幅をいくらと設定するか，繰返し回数を何回とするかにより，滑らかさの度合いが異なってくる．以下，磁場計測器のノイズ評価実験，および単純移動平均法によるノイズ除去処理の効果の検証結果について紹介する．

a) 実験概要

・実験方法　　磁気センサをシールドケースに入れ（おおむねゼロ磁場），出力信号をアンプ＆フィルタを介してパソコンに記録する．

・A/D 分解能　　16bit（100μT/10V→±100μT/2^{16}→分解能 3.052nT）

・サンプリング周波数（SF）　　10Hz，100Hz

b) 評価方法

・生データのノイズ除去

・1Hz 正弦波（200nT$_{p-p}$）付加データのノイズ除去

c) バンド幅（BW）

・5（$m=2$），11（$m=5$）

d) 繰返し回数（RC）

・1 回，2 回

e) 実験結果

解説図 6.1〜解説図 6.6 に結果を示す．いずれも，(a) は生データのノイズ除去，(b) は 1Hz 正弦波（200nT$_{p-p}$）付加データのノイズ除去の結果である．それぞれ処理前と処理後とを比較している．ノイズの低減目標は，10nT$_{p-p}$ 以下である．

解説図 6.1 にサンプリング周波数 10Hz，バンド幅 5，繰返し回数 1 回の結果を示す．(a) では 14nT$_{p-p}$ と目標に届かず，(b) では 135nT$_{p-p}$ と正弦波（200nT$_{p-p}$）が 65nT 歪んでいる．→ NG

解説図 6.2 に解説図 6.1 の結果に対してもう一度ノイズ除去処理を行った結果（繰返し回数 2 回）を示す．(a) では $9nT_{p-p}$ と目標をクリアしているが，(b) では $86nT_{p-p}$ とさらに 49nT 歪んでいる．→ NG

解説図 6.3 にサンプリング周波数 10Hz，バンド幅 11，繰返し回数 1 回の結果を示す．(a) では $8nT_{p-p}$ と目標をクリアしているが，(b) では $24nT_{p-p}$ と正弦波（$200nT_{p-p}$）が 176nT 歪んでいる．→ NG

解説図 6.4 にサンプリング周波数 100Hz，バンド幅 5，繰返し回数 1 回の結果を示す．(a) では $9nT_{p-p}$，(b) では $206nT_{p-p}$［正弦波（$200nT_{p-p}$）の歪みなし，ノイズ 6nT］といずれも目標をクリアしている．→ OK

解説図 6.5 にサンプリング周波数 100Hz，バンド幅 11，繰返し回数 1 回の結果を示す．(a) では $6nT_{p-p}$，(b) では $198nT_{p-p}$［正弦波（$200nT_{p-p}$）の歪みなし，ノイズ 2nT］といずれも目標をクリアしている．→ OK

解説図 6.6 は，解説図 6.5 の処理を行う際にデータの数を 1/10 に間引き（サンプリング周波数 10Hz 相当）したものである．(a) では $4nT_{p-p}$，(b) では $198nT_{p-p}$［正弦波（$200nT_{p-p}$）の歪みなし，ノイズ 2nT］といずれも目標をクリアしている．→ OK

以上の結果から，直流磁場変動［直流磁場の緩やかな変動（数 Hz 程度以下）］を対象とした場合，単純移動平均法によるノイズ除去処理では，サンプリング周波数 100Hz 以上，バンド幅 5 以上（11 以上推奨）とする．繰返し回数は，ノイズの大きさや周波数などにより最適な回数が決まってくるが，回数を多くするとノイズが減る反面，正常波形まで歪んでくるので注意が必要である．また，ノイズ除去処理と同時または処理後にデータの数を 1/10 に間引きすれば，以降のデータ処理の計算量を軽減化できる．

交流磁場変動［交流磁場（50Hz/60Hz）の大きさの変動］については，実効値（真の実効値）による計測を前提とすれば，直流磁場変動より緩やかであり，直流磁場変動で用いた条件で十分対応できる．

なお，ここでは単純移動平均法について効果の検証を行ったが，それ以外の方法でも，同様に有効性が確認されるのであれば，ノイズ除去処理に用いてもよい．

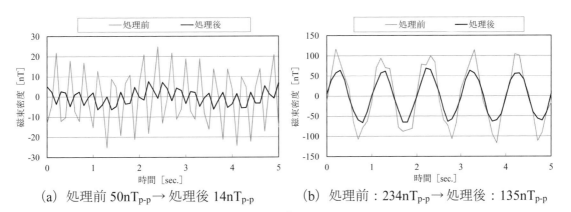

(a) 処理前 $50nT_{p-p}$ → 処理後 $14nT_{p-p}$　　(b) 処理前：$234nT_{p-p}$ → 処理後：$135nT_{p-p}$

解説図 6.1　ノイズ除去処理結果：SF=10Hz, BW=5, RC=1

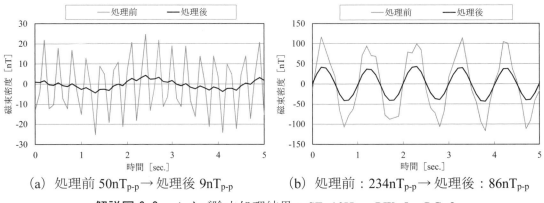

解説図 6.2　ノイズ除去処理結果：$SF=10\text{Hz}$，$BW=5$，$RC=2$

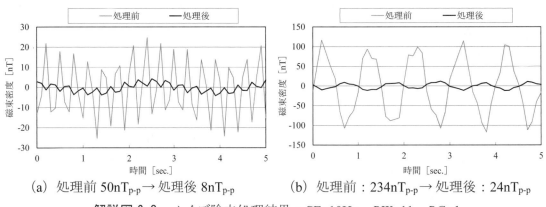

解説図 6.3　ノイズ除去処理結果：$SF=10\text{Hz}$，$BW=11$，$RC=1$

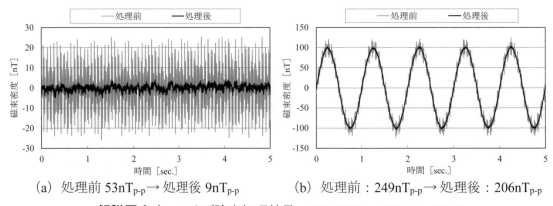

解説図 6.4　ノイズ除去処理結果：$SF=100\text{Hz}$，$BW=5$，$RC=1$

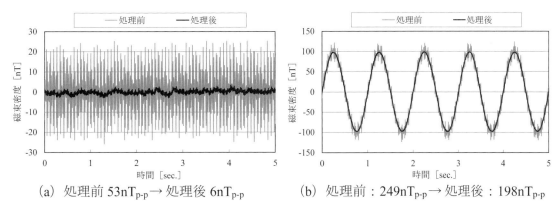

(a) 処理前 53nT$_{p-p}$→処理後 6nT$_{p-p}$　　(b) 処理前：249nT$_{p-p}$→処理後：198nT$_{p-p}$

解説図 6.5　ノイズ除去処理結果：SF=100Hz, BW=11, RC=1

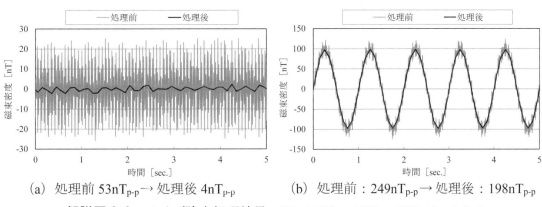

(a) 処理前 53nT$_{p-p}$→処理後 4nT$_{p-p}$　　(b) 処理前：249nT$_{p-p}$→処理後：198nT$_{p-p}$

解説図 6.6　ノイズ除去処理結果：SF=100Hz→10Hz, BW=11, RC=1

6.1.2　データの抽出処理

> 防護対象機器（または案件）ごとに評価時間を決定し，その評価時間に準じる時間長に含まれる磁場の最大変動量を評価できるようにデータを抽出する．

データを取得し，必要に応じてノイズ除去処理を行った後は，防護対象機器ごとに定められた評価時間に基づく評価を行うこととなる．以下，直流磁場変動の場合と交流磁場変動（実効値計測）に分けて手順を説明する．

なお，本項では，瞬時値計測による交流磁場変動データに対する処理は取り上げないが，瞬時値計測での交流磁場変動に対する処理が必要な場合は，直流磁場変動データの抽出手順に準じるものとする．

(1) 直流磁場変動

> 直流磁場変動に対しては，計測データをT秒（データ長N個），評価時間をt秒間（データ長n個）とした場合，取得データ先頭から最後尾に至るまで1データずつシフトさせながらnデータを抽出する．すなわち，$N-n+1$セットのt秒間（n個）のデータを評価用データとし

> て抽出する（以下，抽出したデータセット長をmとする．この場合，$m=n$）．
> 　ただし，上記手順でデータセット数が膨大となり評価が難しい場合は，取得データ先頭から最後尾に至るまでnデータずつシフトさせながら$2n$データを抽出する手順で代用できるものとする（この場合，データセット長 $m=2n$）．この手順では$2t$秒間（$2n$個）のデータを$N/n-1$セット（小数点以下切捨て）抽出することとなるため，nに対しNが過大な場合でも計算コストを最小限に抑えることが可能となる．

　取得したデータ全体に対して変動量を評価すれば安全率を見込んだ評価値が得られるが，仮に数分間における評価が必要な場合に数十分間に及ぶ変動量を求めた場合［手法A，解説図6.7（a）］，その評価値は過剰に安全率を見込んだ評価となる可能性が高い．そこで，必要な時間だけデータを抽出して評価することが望ましい．ここでは，取得データが1軸あたりNデータ $\{=[$サンプリング周波数（Hz）$]\times[$収録時間 T（秒）$]\}$ で構成されるものとし，評価が必要な時間長をt秒間，nデータ $\{=[$サンプリング周波数（Hz）$]\times[$評価時間 t（秒）$]\}$ とする．

　取得データからt秒間における最大変動量を求める最も厳密な手順としては，Nデータ全域にわたり1データずつシフトさせながらnデータを抽出して繰返し評価を行い，それら評価値の最大値を採用すればよい．すなわち，1～n番目までのデータを抽出して評価値を求め，続いて2～$(n+1)$番目までのデータで同様に評価値を求め，最終的に$(N-n+1)$～N番目までの評価値を求め，全ての評価値の最大値を採用する［手法B，解説図6.7（b）］．

　しかし，このようにNデータに対しデータセット長mデータをlデータずつずらしながら抽出する操作では，式6.2の繰返し回数分の評価が必要となるため，$l=1$，$m=n$である手法Bでは繰返し回数が多くなり，評価に係る時間が膨大となる可能性が考えられる．

　計算量を抑えた手順として，ラップなしにnデータずつ抽出して評価を行い，最大値を採用する手順［手法C，解説図6.7（c）］が考えられる．手法Cでは，式6.2において$m=n$，$l=n$となるため，繰返し回数は手法Bに比べ大幅に減少するが，解説図6.7（c）に示すようにnデータ内に含まれる最大値と最小値に対しても，ピークの位置関係によっては最大変動量を取り逃す可能性があり，過小評価となる懸念がある．

$$（繰返し回数）= \mathrm{int}\left(\frac{N-m}{l}\right)+1 \quad ※\mathrm{int}()は小数点以下切捨て \quad （式6.2）$$

　そこで本規準では，下記のデータ抽出手法［手法D，解説図6.7（d）］を提案する．この手法では，t秒間（nデータ）の評価時間に対し$2t$秒間（$2n$データ）のデータセット長を設け，下記の手順で評価を行う．

　始めに，1～$2n$番目までのデータにおける評価を行う．次に，nデータだけスキップし，$(n+1)$～$3n$番目を評価する．同様に，$(2n+1)$～$4n$番目，$(3n+1)$～$5n$番目と評価を続けた際の全ステップにおける評価値の最大値を採用する．すなわち，式6.2において$m=2n$，$l=n$となるため，繰返し回数は手法Cとほぼ同等となり，手法Bと比較して十分に計算量を削減

できる．一方で，評価値は手法 B と同等または若干の安全率を見込んだ結果が得られる．

本規準においては，手法 B によるデータ抽出法を推奨するが，手法 D の使用も可とする．なお，2 軸および 3 軸ベクトル値の場合は，各軸いずれも同じデータ抽出手法を用いる必要がある．

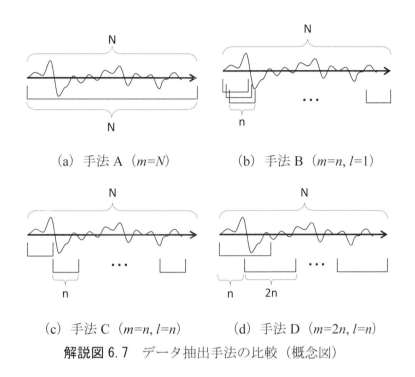

(a) 手法 A ($m=N$)　　(b) 手法 B ($m=n, l=1$)

(c) 手法 C ($m=n, l=n$)　　(d) 手法 D ($m=2n, l=n$)

解説図 6.7 データ抽出手法の比較（概念図）

(2) 交流磁場変動（実効値）

> 実効値（真の実効値）計測された交流磁場変動に対してデータ抽出処理は不要であり，取得データ全体を評価用データとして使用する．

実効値計測された交流磁場変動データは，波形では直流磁場変動データと見分けがつかないため，データの抽出法も直流磁場変動と同様の手順でよいように思われる．しかし，実効値は 1 データ（1 サンプリングのデータ）だけでさえ，ある一定区間の変動データが含まれた量となるため，抽出法も直流磁場変動データとは異なることに注意が必要である．

最大変動量を評価する際，実効値波形では波形の最大値と最小値の差を求める必要がなく，最大値だけで変動量が決まる．この最大値は，（計測器で規定された）一定時間の計測結果として出力されるため，どれだけの長時間計測を行っても安全率を見込みすぎることにはならない．すなわち，実効値計測された交流磁場変動では，特定区間のデータ抽出を行う必要がないため，解説図 6.7(a)の手法 A のように計測データ全体を処理対象区間として採用することとなる．

6.1.3 合成処理

> 防護対象機器（または案件）ごとに評価軸（例えば，水平軸，鉛直軸など）を決定し，計測データに応じて2軸合成または3軸合成を行い，6.1.2で抽出したデータセットごとに変動量を算出し，データセット間で最大となる変動量を評価値として採用する．

変動磁場の計測データは，3軸のベクトル量となることが一般的である．スカラ量（1軸データ）においては，時系列データの P-P 値がそのデータの最大変動量となることは明確であるが，ベクトル量に対する最大変動量の定義は確立されていない．そこで，本項ではベクトル量に対する最大変動量の評価手法を定義する．前項同様，直流磁場変動の場合と交流磁場変動（実効値）に分けて手順を説明する．

なお，本項では，瞬時値計測による交流磁場変動データに対する処理は取り上げないが，瞬時値計測での交流磁場変動に対する処理が必要な場合は，直流磁場変動データの抽出手順に準じるものとする．

(1) 直流磁場変動

> 直流磁場変動に対しては，以下の算出式を用いて各データセット内の最大変動量B_{max}を算出する．
>
> $$B_{max} = \max_{i=1}^{n}\left(\max_{j=1}^{n}\left(\|B(i,j)\|\right)\right) \quad \text{(式 6.3)}$$
>
> $$\|B(i,j)\| = \sqrt{(B_x(j)-B_x(i))^2 + (B_y(j)-B_y(i))^2 + (B_z(j)-B_z(i))^2} \quad \text{(式 6.4)}$$
>
> ここで，$B_x()$，$B_y()$，$B_z()$はそれぞれ計測データのx軸，y軸，z軸成分とし，nは1データセットのデータ長，iおよびjはサンプリング後の離散時間変数（$i,j = 1, 2, 3, \cdots$）を表す．また，$\max_{i=1}^{n}(f(i))$は，$f(1)$から$f(n)$における最大値を表す．
>
> 各データセットで得られたB_{max}の最大値をその計測点における評価値として扱う．
>
> なお，式6.3は，比較演算の対称性を考慮し，同じ演算の重複を排除すると以下のように表現することができ，計算量を低減できる．
>
> $$B_{max} = \max_{i=1}^{n}\left(\max_{j=i+1}^{n}\left(\|B(i,j)\|\right)\right) \quad \text{(式 6.5)}$$

本規準では，式6.3（または式6.5），式6.4に示す評価式[1]を導入し，これをベクトル量として得られた直流磁場変動に対する最大変動量と定義して，計測データの評価値として扱うことを推奨する．

この推奨手法には，以下の特徴がある．

・計測データの座標系の設定に依存しない評価値が得られる．

- 地磁気などの基準レベルに依存しない評価値が得られる．
- 3軸評価のみならず，1軸評価や2軸評価にも同様に適用可能である．
- 1軸評価では，P-P値による評価結果と一致する．

なお，2軸合成も3軸合成も考え方は同じであるため，以下では特記しない限り2軸として説明する．

解説図6.8 (a) に推奨手法による最大変動量の算出手法の概念図を示す．推奨手法では，各点（瞬時値）から他の全ての点までの距離を比較し，最大の2点間の距離を求める．この距離は，座標軸の回転にも原点の取り方にも依存しない．

推奨手法以外のベクトル量の最大変動量の評価法として，各軸のP-P値の合成値を用いる手法（以下，P-P合成値）や瞬時値における各軸合成波形のP-P値（片側振幅値の2倍）を用いる手法（以下，合成波形P-P値）などが考えられる．

しかし，P-P合成値では，解説図6.8 (b) に図示した長方形（3軸では直方体）の対角線の長さを求めることと同義となるため，座標系の向き（軸の回転）次第で一意な評価値が得られない可能性がある．例えば，解説図6.9に示すように，座標系を電車線に合わせるか評価対象の機器（または建屋）に合わせるかで，評価値に違いが発生する可能性がある（解説図6.9の例では建屋に合わせたほうが評価値は大きくなる）．

一方，合成波形P-P値では，解説図6.8 (c) に図示した円（3軸では球）の直径を求めることと同義となるため，基準レベル（座標軸の原点）の設定に依存して一意な評価値が得られない可能性がある．例えば，解説図6.10に示すように，基準レベルを地磁気レベルとするか計測データの平均値とするか，または計測器のオフセットが完全に除去できていない場合などで評価値に違いが発生する可能性がある．ただし，計測時の地磁気および計測器のオフセットなどを厳密に取り除くことができると仮定すると，合成波形P-P値として得られた評価値も妥当なものと考えられる．

これらの手法とは異なり，推奨手法では計測値の相互関係だけを比較するため，地磁気の有無や座標系の取り方などに依存せずに一意な評価値を得ることができる．よって，ベクトル量の最大変動量の評価法として推奨手法が最適であると考えられる．

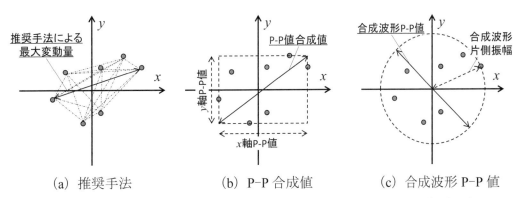

(a) 推奨手法　　(b) P-P合成値　　(c) 合成波形P-P値

解説図6.8 ベクトル値に対する最大変動量の算出手法の比較（概念図）

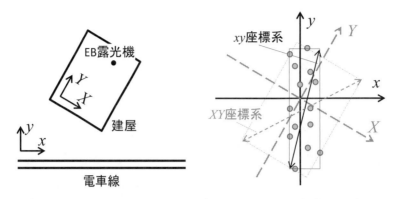

解説図 6.9 座標系の向きの違いによる P-P 合成値の変化

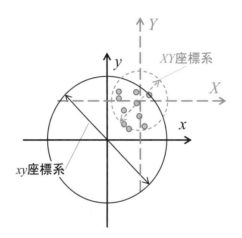

解説図 6.10 座標軸の原点の違いによる合成波形 P-P 値の変化

(2) 交流磁場変動（実効値）[2)]

> 実効値（真の実効値）計測された交流磁場変動に対しては，高調波歪みが十分に無視できるとき，防護対象機器の許容値が実効値尺度の場合は，以下の式を用いて算出した最大変動量B_{max}を評価値として扱う．許容値がP-P値尺度の場合は，以下の式の結果に$2\sqrt{2}$を乗じた値を評価値として扱う．
>
> $$B_{max} = \max_{i=1}^{N}\left(\sqrt{(B_{x\_rms}(i))^2 + (B_{y\_rms}(i))^2 + (B_{z\_rms}(i))^2}\right) \quad \text{(式 6.6)}$$
>
> ここで，$B_{x\_rms}()$，$B_{y\_rms}()$，$B_{z\_rms}()$はそれぞれ実効値計測データのx軸，y軸，z軸成分とし，Nは全計測データのデータ長，iはサンプリング後の離散時間変数（$i=1,2,3,\cdots$）を表す．

6.1.2 (2) でも述べたように，実効値波形では波形の最大値だけで変動量が決まる．これは，具体的には下記の理由によるものである．

電車線路周辺に発生する交流磁場変動は，地磁気などの直流成分を除去した前提では，電源周波数（50/60Hz）とその高調波成分を含む交流波形に対し，その振幅が時間変化したデータとして得られる．この（片側）振幅値が時間変化したデータを包絡線と呼ぶ．実効値計

測された磁場波形は，この包絡線と相関のある値が取得されていると解釈できる．本章における評価の目的は，磁場変動の最大変動幅を得ることであるため，防護対象機器の許容値が実効値尺度の場合には，この包絡線の最大値を求めることにより最大変動量を評価できる．許容値が P-P 値尺度の場合には，得られた交流波形が高調波歪みのない正弦波であれば，実効値波形の最大値に$2\sqrt{2}$を乗じることで目的とする最大変動量が得られる．この値は，高調波歪みを含む波形に対しては厳密な評価値とならないが，誤差は数パーセント以内に留まるものと考えられる．

6.1.4 定点補正処理

> 複数地点での評価が必要な場合は，計測に必要な性能を備えた計測機器を評価点数と同数だけ用意するのが望ましい．しかし，それが不可能な場合で，かつ変動磁場の相関が比較的強い同一敷地内における複数地点での評価が必要な場合には，最低2組の計測機器を用いて，1組の計測機器は，基準となる計測点（$i=0$）に固定してT秒間計測し，残りの1組以上の計測機器により$i=0$以外の計測点をΔT_jずつ計測し，その計測値をΔB_{ij}とした際に以下の定点補正式により未計測点における部分計測評価値の推定値$\Delta \widetilde{B}_{ij}$を算出する．
>
> $$\Delta \widetilde{B}_{ij} \equiv \frac{\Delta B_{ik}}{\Delta B_{0k}} \Delta B_{0j} \tag{式 6.7}$$
>
> ここで，i は任意の評価位置を表す添え字，j, k は任意の時系列番号を表す添え字とし，また，時系列番号 k において定点と同時計測されているものとする．
>
> 各地点での最終的な評価値ΔB_iは，
>
> $$\Delta B_i \approx \max_j \Delta B_{ij} \quad\quad (\sim は省略) \tag{式 6.8}$$
>
> によって得られる．

複数の地点での評価が必要な場合，全ての地点において必要な計測時間を要する計測を実施することは，準備が必要な計測機器の数や要する時間を考慮した場合，経済的でない場合が多い．ここでは，最低2組の計測機器を準備することにより，複数地点の評価を実施する方法（定点補正法）について規定する．

なお，本方法は，対象となる変動磁場の原因となる路線が同一で，その変動磁場の相関が比較的強い同一敷地内における複数地点の評価方法について規定するものであり，相関が弱い場合には適用できない．また本項では，2組の計測機器を使用することを念頭に記すが，準備可能な計測機器の組が 3 組以上ある場合にも同様の方法で複数地点の評価を実施することができる．

変動磁場の評価に必要な計測時間を T とする．また，評価が必要な地点の数を M とする．定点補正法では，評価が必要なMか所の地点のうち，ある1地点（計測点 0）を計測全体の期間中を通して計測を行う定点と定め，他の地点で得られた評価結果を補正するための基

準値として使用する．定点以外の地点（計測点 i）における計測時間（部分計測時間，添字 j で標記）ΔT_j は，評価に必要な計測時間 T よりも短い期間で定点における計測時間と並行して実施する．定点とする計測点は，最も重要な計測点，または他の全ての計測点と相関が高くなると推察される計測点を選定する必要がある．例えば，部屋の中央および四隅の計 5 点での評価を実施する必要がある場合，中央の計測点を定点とする．

　解説図 6.11 は，評価に必要な計測時間 $T=2$ 時間，評価が必要な地点の数 $M=5$ か所，定点以外のそれぞれの地点における部分計測時間 $\Delta T_j=30$ 分（共通）とした場合の定点補正法における計測スケジュールの例である．同時に 2 組の計測機器を使用している．

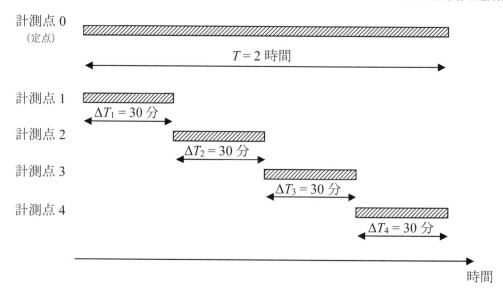

解説図 6.11　定点および他の計測点における計測実施期間の例

　変動磁場の評価に必要な計測時間は，T（上記例の場合 2 時間）であるが，各部分計測時間 ΔT_j を基準に各評価結果をまとめると，解説表 6.1 のように虫食い状の評価結果マトリクスが得られる．ここで，ΔB_{ij} は計測点 i の部分計測時間 ΔT_j において前項までの評価方法によって得られた評価結果である．そのため，このマトリクスは必要に応じて，垂直成分および水平成分に分けて得られる．

解説表 6.1　定点補正法における部分計測評価値の例

	部分計測 1	部分計測 2	部分計測 3	部分計測 4
計測点 0（定点）	ΔB_{01}	ΔB_{02}	ΔB_{03}	ΔB_{04}
計測点 1	ΔB_{11}			
計測点 2		ΔB_{22}		
計測点 3			ΔB_{33}	
計測点 4				ΔB_{44}

定点以外の計測点における部分計測評価値ΔB_{ij}で得られていないものは，式6.7の定点補正法によって推定する．ここで，kは計測点iが定点（計測点0）と同時に計測されている部分計測番号である．すなわち，解説表6.1の例だと，計測点1（$i=1$）では$k=1$，計測点2（$i=2$）では$k=2$となる．

定点補正の結果，解説表6.1の虫食い部分は解説表6.2のように補われ，定点以外の計測点の計測時間Tに対する評価結果の定点補正値は，対応する行の最大値（式6.8）によって得られることになる．

なお，定点（計測点0）における評価値ΔB_0は実測値，定点以外における評価値ΔB_iは推定値（補正値）であるが，標記の都合上，～（チルダ）は省略している．また，式6.8が最大値を求める式であることから，計測点iにおける評価値ΔB_{ij}（式6.7）の算出（推定）においては，定点での評価値が最も大きい部分計測時間j（列）だけを対象に定点補正法を適用すると効率的である．

解説表6.2 定点補正法を適用した結果の例

	部分計測1	部分計測2	部分計測3	部分計測4
計測点0（定点）	ΔB_{01}	ΔB_{02}	ΔB_{03}	ΔB_{04}
計測点1	ΔB_{11}	$\Delta \tilde{B}_{12}$	$\Delta \tilde{B}_{13}$	$\Delta \tilde{B}_{14}$
計測点2	$\Delta \tilde{B}_{21}$	ΔB_{22}	$\Delta \tilde{B}_{23}$	$\Delta \tilde{B}_{24}$
計測点3	$\Delta \tilde{B}_{31}$	$\Delta \tilde{B}_{32}$	ΔB_{33}	$\Delta \tilde{B}_{34}$
計測点4	$\Delta \tilde{B}_{41}$	$\Delta \tilde{B}_{42}$	$\Delta \tilde{B}_{43}$	ΔB_{44}

6.2 結果の評価

> 6.1で求めた評価値に対し，必要に応じて2.4で述べた電力消費量による補正を行い，最終的な評価値を決定する．補正を行うか否かは，関係者で協議のうえ，決定する．
>
> 最終的な評価値と防護対象機器が要求する変動磁場に関する許容値とを比べ，評価を行う．許容値は，防護対象機器（または案件）ごと異なるため，関係者で協議のうえ，決定する．

最終的な評価値は，6.1で求めた評価値に対し，必要に応じて電力消費量による補正を行ったうえで決定する．電力消費量による補正とは，2.4で述べたとおり，夏場・冬場に電力消費量が増大する問題について，鉄道会社からの情報による補正，または年間の最大電力消費量と最小電力消費量との差を仮定（例えば，10%）したうえで補正を行うことである．

最終的な評価値が得られたら，その値が防護対象機器の要求する許容値を満足するか否かを評価する．許容値は防護対象機器ごとに異なるが，一般的な公表値として，電子顕微鏡については3.1.3，NMR/MRIについては3.2.5に挙げた値などが存在する．ただし，機器の性能限界に満たない精度で使用する場合は，磁場変動の実用上の許容値も緩和される可能性があるため，事例ごとに適切に評価することが必要である．

また，2軸合成と3軸合成のどちらの処理結果を評価値として採用するかについても，防護対象機器ごとに明記されている場合はそれに従い，明記されていない場合は機器の設置状況（向きなど）を考慮して案件ごとに定める必要がある．

ここで，合成処理において6.1.3の推奨手法を用いた場合の処理例を示す．今回用いたデータは，直流式電車の複々線による磁場変動を計測したデータであり，10Hzにダウンサンプリング（間引き）した$T=30$分間のデータ（$N=18\,000$）とする〔解説図6.12〕．定点補正は行っていない．座標系は，電車線に平行な水平軸をx軸，電車線と直交する水平軸をz軸，鉛直軸をy軸とする．電子顕微鏡などの評価では，60秒間の評価値が要求される場合が多いため，ここでは$t=60$秒間（$n=600$）の最大変動量の評価値を算出した．解説表6.3にそれぞれ手法Bと手法Dでデータ抽出した際の推奨手法による処理結果を示す．参考資料として，解説図6.13に実際に用いた処理アルゴリズムの疑似コードを示す．解説表6.3によると，3軸評価では計算時間が手法Bでは約78分なのに対し，手法Dでは約0.5分となり，約150分の1程度に時間が短縮できている（CPU：Intel Core2 1.86GHz，物理メモリ：2GBのデスクトップPCにてMicrosoft Excelマクロで自動処理を行った場合）．一方で評価値は，手法Bでの値を真値と考えると，手法Dでは2軸評価，3軸評価ともに数%安全側の評価となっている．

解説表6.3 推奨手法による評価値（手法Bと手法Dの比較結果）

	評価値（2軸：xz）	評価値（3軸）	計算時間（3軸）
手法B	3.33μT	3.50μT	約78分
手法D	3.51μT	3.53μT	約0.5分

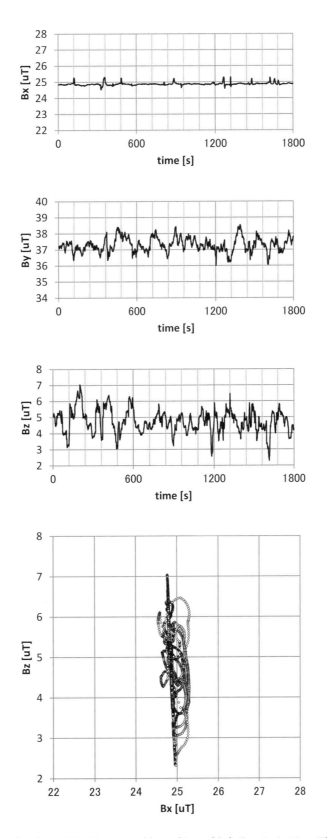

解説図 6.12 処理対象データ例（上から x 軸，y 軸，z 軸成分，および xz 平面へのプロット）

```
<プログラム開始>
01: 最大変動量 ← 0 で初期化
02: k ← 0 で初期化
03: Loop(A): k が (k ≤ N − m) を満足する間　End Loop(A)　までを繰返し
04:     仮評価値 ← 0 で初期化
05:     i ← k+1 で初期化
06:     Loop(B): i が (i ≤ k + m) を満足する間　End Loop(B)　までを繰返し
07:         j ← i+1 で初期化
08:         Loop(C): j が (j ≤ k + m) を満足する間　End Loop(C)　までを繰返し
09:             2点比較値 ← √((Bx(i) − Bx(j))² + (By(i) − By(j))² + (Bx(i) − Bx(j))²)  （式6.4）
10:             If(D): 二点比較値 が 仮評価値 よりも大きい場合　End If(D)　までを実行
11:                 仮評価値 ← 2点比較値 を代入
12:             End If(D)
13:             j ← j+1 で更新
14:         End Loop(c)
15:         i ← i+1 で更新
16:     End Loop(B)
17:     If(E): 仮評価値 が 最大変動量 よりも大きい場合　End If(E)　までを実行
18:         最大変動量 ← 仮評価値
19:     End If(E)
20:     k ← k+l で更新
21: End Loop(A)
<プログラム終了>
```

※ *斜体* は変数を表し，←記号は代入を表す．Nは総データ数，$B(i)$はi番目の磁束密度とする．

※ kはデータ抽出（6.1.2）の繰返し回数を，i, jは合成処理（6.1.3）のデータ点数を表す．

解説図 6.13　推奨手法の疑似コード

（m=600, l=1 の場合が手法 B, m=1 200, l=600 の場合が手法 D）

参 考 文 献

1) 宇治川ら：電子顕微鏡などの設置環境に対する変動磁界評価方法の検討，日本建築学会大会学術講演梗概集（関東），40245，pp.529〜530，2011

2) 日本建築学会：電気室から漏洩する磁場の予測・対策・計測評価技術，4.4.1実効値の算出，2014

日本建築学会環境基準
AIJES-E0004-2017
電気鉄道周辺における変動磁場の計測・評価方法規準・同解説

2017年2月1日　第1版第1刷

編　集 著作人	一般社団法人　日本建築学会
印刷所	昭和情報プロセス株式会社
発行所	一般社団法人　日本建築学会 108-8414　東京都港区芝5-26-20 電　話・(03) 3456-2051 FAX・(03) 3456-2058 http://www.aij.or.jp/
発売所	丸善出版株式会社 101-0051　東京都千代田区神田神保町2-17 神田神保町ビル 電　話・(03) 3512-3256

Ⓒ 日本建築学会 2017

ISBN978-4-8189-3630-0　C3352